Bom Retiro, bairro central de São Paulo: transformações e permanências
(1930-1954)

Bom Retiro, bairro central de São Paulo: transformações e permanências
(1930-1954)

Liziane Peres Mangili

alameda

Publishers: Joana Monteleone/Haroldo Ceravolo Sereza/Roberto Cosso
Edição: Joana Monteleone
Editor assistente: Vitor Rodrigo Donofrio Arruda
Revisão: Ana Paula Marchi Martini
Assistente de produção: Eliezer Abrantes Rodrigues
Projeto gráfico, capa e diagramação: Sami Reininger

CIP-BRASIL. CATALOGAÇÃO-NA-FONTE
SINDICATO NACIONAL DOS EDITORES DE LIVROS, RJ

M243b

Mangili, Liziane Peres
BOM RETIRO, BAIRRO CENTRAL DE SÃO PAULO: TRANSFORMAÇÕES E PERMANÊNCIAS
(1930-1954)
Liziane Peres Mangili.
São Paulo: Alameda, 2011.
228p.

Inclui bibliografia
ISBN 978-85-7939-080-7

1. Bom Retiro (São Paulo, SP) – História. 2. Urbanização – Bom Retiro (São Paulo, SP) –
História. 3 Crescimento urbano – Bom Retiro (São Paulo, SP) – História. 4. Imigrantes
– Bom Retiro (São Paulo, SP) – História. I. Título.

11-1107.   CDD: 981.61
                                   CDU: 94(815.61)

                                                            024819

Alameda Casa Editorial
Rua Conselheiro Ramalho, 694, Bela Vista
cep 01325-000 São Paulo, SP
Tel. (11) 3012-2400
www.alamedaeditorial.com.br

SUMÁRIO

3. Demolições e rearranjos fundiários: novas configurações para indústrias ou grupos residenciais, prédios de apartamentos e prédios com armazéns em todos os andares

4. A verticalização no Bom Retiro: prédios de apartamentos com comércio no térreo e prédios de loja e sobreloja para indústrias de confecções

1. As várzeas do Tietê no Bom Retiro antes da canalização do rio: extração de areia e argila, depósito de lixo e emissário de esgoto

2. Canalização dos rios e córregos: saneamento, embelezamento... e incremento do mercado de terras na capital

3. A urbanização da várzea do Tietê no Bom Retiro: Rua "com todos os melhoramentos"?

4. Várzea: a área "mais residencial" do bairro

1. O primeiro ciclo de transferência de propriedades: loteamentos e multiplicação de proprietários

2. O segundo ciclo de transferência de propriedades: a demarcação de setores de proprietários italianos e de proprietários judeus

3. Aumentos, reformas e novas construções: as empresas e profissionais da construção atuantes no Bom Retiro

PREFÁCIO

INTERPRETAR A CIDADE de São Paulo para além das dualidades centro/periferia ou bairro das elites/bairro operário e desvendar a presença de estrangeiros em sua construção estão entre os principais objetivos do projeto coletivo de pesquisa no qual este livro se insere.[1] Para estes dois objetivos, o bairro do Bom Retiro coloca questões instigantes e oferece elementos para desvendar processos pouco estudados no âmbito da história da cidade.

O Bom Retiro se origina do processo de urbanização do chamado "cinturão de chácaras" que circundou o centro da cidade até o final do século XIX, no contexto de transformações econômicas e sociais e de afirmação da capital como centro comercial e financeiro. Seu desenvolvimento contém ambiguidades e contradições que tornam imprecisa sua classificação como bairro, como centro, ou ainda, como bairro operário.

A proximidade e acessibilidade ao centro, assim como a proximidade a uma estação ferroviária, favoreceram a localização residencial, industrial, comercial e de instituições públicas que extrapolam a escala do bairro. Embora tenha abrigado indústrias de grande porte e integre o primeiro conjunto de bairros operários da capital, desde os primórdios de sua ocupação se esboça, no Bom Retiro, a tendência de negócios por conta própria.

---

1. Projeto Temático Fapesp "São Paulo. Os estrangeiros e a construção da cidade" (2007-2011), desenvolvido por pesquisadores das seguintes unidades da Universidade de São Paulo: Instituto de Arquitetura e Urbanismo de São Carlos; Faculdade de Arquitetura e Urbanismo; Faculdade de Filosofia, Letras e Ciências Humanas; Museu Paulista.

Diferentemente do que ocorreu no Brás, Mooca e Belém, as grandes indústrias logo se deslocam do bairro. A associação negócios por conta própria/estrangeiros é o fator de permanência no Bom Retiro. Mesmo entre os portugueses e italianos, que participaram do trabalho fabril, grande parcela abriu pequenos e médios negócios, dentro da casa. Entre o final da década de 1920 e meados da década de 1940, quando se organiza uma base material e econômica sobre a qual o bairro se especializa e se consolida como um centro de indústria e comércio de roupas feitas, esta associação ganha contornos mais definidos e tem os judeus como protagonistas.

A presença de estrangeiros no Bom Retiro também adquire uma configuração particular. É um bairro que vem sendo ocupado por sucessivos grupos de imigrantes, desde sua formação. De 1870 a 1890, destacam-se os portugueses; de 1900 a 1940, os italianos predominam entre a população estrangeira; em torno dos anos de 1920 os judeus começam marcar presença; a partir dos anos de 1960 coreanos começam a chegar. Gregos, armênios e sírios também se instalaram no bairro ao longo do século XX e, nas duas últimas décadas, bolivianos e peruanos e, mais recentemente, paraguaios, participam como moradores e trabalhadores do bairro.

Cada grupo estabelece além de uma relação de trabalho com o bairro, uma relação de moradia e, nesta dupla inserção, constrói instituições sociais, culturais, políticas religiosas. É um bairro onde há uma rotatividade de "inquilinos", que se manifesta em sua identidade mutante – bairro "dos israelitas", num determinado período, bairro "dos coreanos", em outro. Cabe destacar que, em nenhum momento, estes grupos constituíram a maioria da população e que a presença de brasileiros sempre foi majoritária.

Através de extensiva pesquisa em fontes documentais diversas – mapas, processos de aprovação de obras, registros de imóveis, anúncios imobiliários – o trabalho de Liziane Mangili ilumina várias dessas particularidades do Bom Retiro, ao esquadrinhar as mudanças ao nível das quadras, dos lotes, das edificações, e identificar os agentes deste processo, no arco temporal de 24 anos.

A opção metodológica de análise das particularidades permitiu detectar processos de produção e ocupação do espaço paulistano que escapam a análises generalizantes. *"A escolha da escala de observação jamais resulta verdadeiramente numa redução da diversidade do mundo e da singularidade das coisas: um cacho de uvas não tem dois bagos seme-*

lhantes", afirma Lepetit (1992).[2] As conclusões deste livro não se restringem às dinâmicas do Bom Retiro. Muito pelo contrário, as singularidades do bairro apontam para uma maior complexidade e compreensão de estratégias, agentes, interesses, no processo de construção da cidade.

Se nos estudos sobre as transformações da cidade, no período em tela, a produção imobiliária resultante do binômio demolição reconstrução que prevalece nas áreas mais valorizadas da cidade e a ilegalidade das periferias autoconstruídas foram amplamente analisadas, a pesquisa de Liziane revela processos não menos importantes para a dinâmica da cidade, que não vêm recebendo a devida atenção no campo do urbanismo.

Em primeiro lugar, revela transformações que se dão fundamentalmente pela adequação das edificações através de pequenas reformas e "aumentos" – uma transformação silenciosa, associada a permanências de elementos estruturadores do tecido urbano. Em segundo lugar, no que se refere às novas edificações que resultam de demolições, a pesquisa aponta para a atuação de um espectro amplo e diversificado do setor imobiliário. Por um lado, a produção de edifícios de arquitetura moderna, voltados para um estrato da classe média, que não se enquadram nem no padrão de empreendimentos de Higienópolis, nem no padrão de edifícios de kitnetes, produzidos no mesmo período. Por outro lado, destaca-se no bairro, a produção de edificações – horizontais e verticais – que associam moradia, produção e comercialização de roupas feitas.

Em terceiro lugar, a análise minuciosa das fontes documentais revela múltiplos movimentos que se combinam, se articulam e se entrecortam, no período em que o bairro se consolida como centro de indústria e comércio de confecções e a capital passa por um processo de modernização impulsionado por um *boom* imobiliário. Ao mesmo tempo em que o Bom Retiro se transforma, num processo de adequação à atividade econômica, que envolve reformas e novas construções, com transferência de propriedades para os judeus, aumenta a presença de cortiços, os italianos persistem como proprietários de imóveis, assim como uma zona de prostituição incrustada no bairro convive (não sem conflitos) com sua modernização.

---

2.   LEPETIT, Bernard (1992) Arquitetura, geografia, história: usos da escala, In: SALGUEIRO, Heliana A. (2001) Por uma nova história urbana. Bernard Lepetit. São Paulo. Edusp: 191-226.

Este livro revela uma face possível da cidade – um bairro múltiplo, que se transforma e se preserva, não homogêneo do ponto de vista funcional, populacional, cultural, dos padrões de moradia, dos negócios, dos agentes. Revela um bairro que como tal até hoje persiste, resiste, e nega o padrão de urbanização que se impõe em São Paulo ao longo do século xx: espaços cada vez mais segregados, com concentração da população de baixa renda notadamente nas áreas periféricas e concentração de população de alta renda em bairros exclusivos, e que atualmente se manifestam na forma de condomínios fechados.

Sarah Feldman
Professora livre docente do Instituto de Arquitetura e
Urbanismo de São Carlos/Universidade de São Paulo

Introdução

Este livro se origina da pesquisa de mestrado vinculada ao projeto temático interinstitucional "São Paulo: os estrangeiros e a construção da cidade", financiado pela Fapesp e desenvolvido por pesquisadores de quatro unidades da Universidade de São Paulo (fau, iau, fflch e Museu Paulista). O projeto temático tem como objetivo geral relacionar processos espaciais e sociais em curso na cidade em diferentes momentos, a partir da presença e da atuação dos estrangeiros que constituem a própria cidade (Projeto Temático, 2006, p. 2). Dentre as duas linhas centrais que estruturam o projeto temático, esta pesquisa se inseriu na linha "A transformação dos bairros centrais, a construção de territórios, redes e identidades". O estudo da constituição física dos espaços dos estrangeiros, das características distintivas dos seus bairros na cidade, das permanências e evidências materiais desses grupos, das redes e agentes mercantis estabelecidos na cidade para compra e venda de imóveis pelos estrangeiros, e das situações de vizinhança que viabilizaram as formas de sobrevivência, reciprocidade e resistência das populações de estrangeiros na cidade de São Paulo são os objetivos específicos dessa linha. Assim, a pesquisa de mestrado se desenvolveu numa relação de complementaridade com outras pesquisas vinculadas ao Projeto Temático.

O objetivo desta pesquisa foi o estudo das transformações e permanências de um bairro central de São Paulo, o Bom Retiro, a partir das estruturas físicas e dos agentes que sobre elas atuaram, no período de 1930 a 1954. A partir de uma primeira análise das transformações dos bairros centrais através da comparação de dois mapas cadastrais, o de 1930 e de 1954,[1] e pelos estudos de Azevedo (1958), ficou evidenciado que estes bairros não são estruturas homogêneas: apresentam formas de parcelamento e de ocupação distintas, que geraram diferenças internas em cada um deles. Através dessas fontes, constatamos mudanças significativas no Bom Retiro e algumas particularidades em relação aos outros bairros centrais, como, por exemplo, as transformações fundiárias e a verticalização não estarem relacionadas a obras viárias. Ao mesmo tempo, como um dos bairros em foco no projeto temático, vislumbrou-se a possibilidade de estabelecer uma relação entre as transformações e permanências nas suas estruturas físicas e a pesquisa então em curso no projeto sobre a consolidação de atividades econômicas relacionadas à indústria e comércio de confecções com a participação dos imigrantes judeus entre o final dos anos de 1920 e a década de 1940. A definição do período de estudo foi apontada, portanto, por esse processo de estruturação de uma atividade econômica, pelas evidências de intensas transformações materiais durante essas décadas, e pelas datas dos mapas cadastrais de 1930 e 1954. Estes dois documentos serviram de ponto de partida para a identificação das transformações e permanências nas estruturas físicas.

São considerados bairros centrais as áreas que constituíam o antigo cinturão de chácaras de São Paulo que, até por volta de 1875, quando o centro da capital estava delimitado pelas ruas Direita, xv de Novembro e São Bento, compunham a zona suburbana da cidade. Os bairros centrais de São Paulo são formados com a primeira expansão de vulto da cidade, ocorrida a partir do final do século XIX, quando o cinturão de chácaras foi gradativamente loteado e deu origem aos bairros do Bom Retiro, Barra Funda, Campos Elíseos, Santa Ifigênia, Santa Cecília, Vila Buarque, Consolação, Bela Vista, Liberdade, Glicério, Cambuci, Brás, Mooca e Pari. O loteamento dessas chácaras passou a atender a demanda por terras tanto para implantação das indústrias que começavam a surgir em São Paulo, quanto por moradias dos grupos de imigrantes que chegavam à cidade e dos fazendeiros de café que procuravam as áreas mais "aristocráticas".

A partir do início do século xx a cidade se expandiu de forma acelerada, aumentando sua área urbanizada em mais de sete vezes, passando de um raio de 2 km para outro de 15

---

1. Levantamentos aerofotogramétricos elaborados pelas empresas Sara Brasil (1930-1934) e Viação Aérea de São Paulo (1950-1957). A data a que nos referimos ao longo do trabalho – 1954 – é a data do levantamento aéreo realizado para a confecção do mapa.

km (AZEVEDO, 1958, p. 13), e sua população em mais de dez vezes até a metade do século: de 240.000 em 1900 para 2.817.600 em 1954 (ARAÚJO FILHO, 1958, p. 169). Nesse período, São Paulo passou por um processo de transformação em grande escala, envolvendo tanto as transformações na área já consolidada, quanto a expansão da área urbanizada, apontando para a metropolização. Na área consolidada, ocorreu o adensamento das construções, a verticalização, a ocupação de lotes antes não edificados, e uma série de mudanças viárias, no âmbito do Plano de Avenidas de Prestes Maia. Esse plano, baseado na expansão da área central e desafogamento do tráfego nesta área, compreendeu o alargamento de vias e abertura de outras, ligando a área central aos bairros mais distantes, provocando inúmeras desapropriações, demolições, e a valorização dos terrenos que influenciaria na verticalização dessas áreas. A expansão da área urbanizada deu-se pelo processo de periferização, ao que contribuíram as mudanças estruturais na forma de provimento da habitação dadas a partir de 1940. Nessa década, o mercado imobiliário constituiu-se um locus privilegiado para investimentos de capital, em parte devido à conjuntura de guerra, pelas dificuldades de importação de maquinário industrial, mas principalmente devido ao surgimento de novos circuitos financeiros (MELO, 1992). As inversões imobiliárias mostraram-se ainda mais vantajosas com a reorganização dos empréstimos ao crédito imobiliário pelas Caixas Econômicas, com os financiamentos às incorporações pelos Institutos de Aposentadorias e Pensões e com a atuação de organizações privadas, como companhias de seguros e bancos especializados em créditos hipotecários (RIBEIRO, 1989 citado por BONDUKI, 1998). Tentando conter os investimentos no mercado imobiliário e redirecioná-los para a indústria, o governo prorrogou a Lei do Inquilinato em 1942, que congelou os aluguéis. No entanto, a Lei do Inquilinato contribuiu para o agravamento da crise habitacional que várias cidades brasileiras enfrentavam, pois os investimentos em novas construções passaram a se dar em prédios para a venda, tornando ainda mais escasso o número de prédios destinados à locação habitacional (BONDUKI, 1998).

O surgimento dos novos circuitos financeiros direcionados ao mercado imobiliário concorreu para o que Melo (1992) chamou de "boom do século", referindo-se à atividade de construções que acelerou a especulação imobiliária e provocou a valorização dos imóveis urbanos. Na área urbanizada, principalmente nas áreas centrais, os investimentos se deram na incorporação de edifícios de apartamentos para venda, destinada a investidores ou setores de renda mais alta. Nas áreas periféricas, as facilidades de obtenção de créditos proporcionaram a aquisição de moradias, em menor escala, e de terrenos, em grande escala, pelas camadas de baixa renda, e a autoconstrução passou a ser a forma predominante de provimento habitacional para essas classes (BONDUKI, 1998). O surgimento do transporte sobre rodas em meados dos anos de 1920 (STIEL, 1978) e sua consolidação em 1934, através da regulamentação do serviço pela Prefeitura, acentuou o processo de periferização.

No processo de metropolização de São Paulo, os bairros centrais assumem, por um lado, características de centros de abrangência metropolitana, atendendo comercialmente toda a região metropolitana de São Paulo e outras regiões do estado e do país (FELDMAN, 2003). Por outro lado, permanecem nesses bairros características que os distinguem do centro propriamente dito, pois se constituem como zonas predominantemente residenciais mas com várias características do Centro (MÜLLER, 1958).

A maioria dos estudos sobre o processo de consolidação de São Paulo como a maior metrópole brasileira, prioriza a dicotomia entre centro e periferia, abrangendo o conjunto da cidade ou somente uma dessas duas esferas. Os estudos sobre porções específicas que constituem este território, como os bairros centrais, são escassos, o que vem ocultando as formas pelas quais esses territórios responderam às dinâmicas ocorridas no conjunto da cidade. Vários bairros centrais podem ser considerados detentores de uma identidade destacada do conjunto da cidade, o que se comprova com o fato de estarem inseridos na lista de conjuntos a serem preservados como bens culturais. O estudo aprofundado sobre os bairros centrais faz-se necessário, nesse sentido, para o entendimento das especificidades dos processos que levaram a essas permanências e dos processos de transformação que neles se desenvolveram.

Dentre os estudos que utilizamos para a compreensão dos vários processos ocorridos na cidade, entre os anos de 1930 até os anos de 1960, estão os de Caio Prado Júnior (1983), Monbeig (1958), Morse (1954), Barros (1967), Singer (1977), Langenbuch (1971), Dean (1971) e Bruno (1984). Referem-se ao desenvolvimento econômico e urbano da cidade, a partir de diferentes óticas, e foram referenciais para outros estudos mais recentes, como os de Toledo (1981), Reis Filho (2004) e Porta (org) (2004). Em relação aos poucos trabalhos sobre São Paulo que se aprofundaram no estudo de bairros da cidade, destaca-se o organizado por Aroldo de Azevedo em 1958, e a coleção "História dos Bairros de São Paulo", resultante de concursos públicos promovidos pelo

Departamento de Patrimônio Histórico (DPH) da Prefeitura de São Paulo. Desta coleção, foram publicados volumes sobre os bairros centrais da Bela Vista (MARZOLA, 1979), Brás (MENDES TORRES, 1969), Bom Retiro (DERTÔNIO, 1971), Liberdade (GUIMARÃES, 1979), Luz (GUIMARÃES, 1977), Consolação (ATAÍDE, 1970), Barra Funda (BRUNELLI *et al.*, 2006) e Higienópolis (HOMEM, 1989). Além desses estudos destacam-se os de Fernandes (1986), sobre os "bairros centrais industriais" e Feldman (2003), sobre o centro e os bairros centrais.

Os bairros centrais vêm sendo também enfocados em inventários, empreendidos pelos órgãos públicos visando a preservação do patrimônio. Destacam-se, nesse sentido, os estudos, realizados pela COGEP (Coordenadoria Geral de Planejamento de São Paulo), coordenados por Benedito Lima de Toledo e Carlos Lemos, de 1974,[2] pelo DPH (Departamento de Patrimônio Histórico da Prefeitura de São Paulo), pelo CONDEPHAAT (Conselho de Defesa do Patrimônio Histórico, Artístico, Ambiental e Turístico do Estado de São Paulo), e os estudos realizados para deliberação de tombamentos,[3] para o Jardim América, Campos Elíseos, Santa Ifigênia e Pacaembu, (pelo CONDEPHAAT) e para os bairros do Bexiga e Jardim da Saúde, pelo DPH.

Recentemente dissertações e teses vêm sendo desenvolvidas, em várias áreas do conhecimento e abrangendo períodos diversos, tendo como foco os bairros centrais: a dissertação de Negawa (2000), sobre a formação e transformação do bairro da Liberdade, a de Montenegro (2006), que analisa o circuito inferior da economia urbana em São Paulo tendo como foco a Sé, República, Santa Ifigênia, Bom Retiro e o Largo Treze de Maio, a de Pires (2003), que trata da configuração territorial, urbanização e patrimônio na Colônia da Glória, área que originou os bairros da Glória, Cambuci, Jardim da

---

2. In: PIRES, Walter. *Configuração territorial, urbanização e patrimônio: Colônia da Glória (1876-1904)*. Dissertação (mestrado). FAU/USP, São Paulo, 2003. Walter Pires coloca ainda que "a metodologia de inventários em áreas urbanas de São Paulo foi aperfeiçoada na década de 1980 a partir dos trabalhos realizados pelo DPH, através da criação do IGEPC (Inventário Geral do Patrimônio Ambiental e Cultural da Cidade de São Paulo), com pesquisas desenvolvidas em diversos bairros da cidade." PIRES (2003), p. 10, nota de rodapé.

3. Como os realizados pelo CONDEPHAAT para o Jardim América, Campos Elíseos, Santa Ifigênia e Pacaembu, e pelo DPH para os bairros do Bixiga e Jardim da Saúde. (PIRES, 2003))

Glória e Chácara Klabin, e a de Canutti (2008), sobre a produção do espaço urbano na Barra Funda. Sobre o Bom Retiro, há as dissertações de mestrado de Santos (2000), "O Bom Retiro: uma paisagem paulistana", a de Macedo (2005), sobre a história da Cooperativa de Crédito do Bom Retiro, e a de Siqueira (2002) sobre clubes e sociedades de trabalhadores no Bom Retiro entre 1915 e 1924, e as teses de doutorado de Amadio (2004), sobre a formação do Brás, Bom Retiro e Pari e de Póvoa (2007), sobre a territorialização dos judeus em São Paulo, abrangendo o Bom Retiro, já que neste bairro se deu, em meados do século XX, a maior concentração de judeus na cidade.

Esta pesquisa teve como objetivo geral analisar os processos de transformações e as permanências no bairro do Bom Retiro, no período de 1930 a 1954. Os objetivos específicos perseguidos foram: identificar e localizar as principais mudanças na estrutura urbana do Bom Retiro decorrentes de investimentos públicos; identificar e localizar as mudanças na estrutura fundiária do bairro e as mudanças nos padrões de empreendimentos; identificar os agentes envolvidos nas mudanças da estrutura fundiária e nos empreendimentos imobiliários; identificar e analisar as diferenças internas e seus determinantes, e, por fim, identificar as permanências nas estruturas físicas do bairro.

Para se alcançar os objetivos desta pesquisa foram realizadas consultas, levantamentos e sistematizações de diversas fontes documentais, referentes às transformações físicas, à questão fundiária e à dinâmica imobiliária ocorrida no bairro; fontes secundárias, como: a Planta Genérica de Valores de Terrenos,[4] o Boletim do Departamento de Estatística do Estado de São Paulo, Leis e Decretos de Melhoramentos Viários, além das fontes bibliográficas, que englobam a história de São Paulo, história dos bairros centrais, abordagens sobre o centro e as áreas centrais, a questão da preservação e questões metodológicas. Além destas fontes bibliográficas, utilizamos também referências sobre a imigração judaica no Brasil e depoimentos de imigrantes judeus, um extraído da página de internet do Museu da Pessoa, e os demais depoimentos reunidos no livro Passagem para a América: relatos da imigração judaica em São Paulo, de Freidenson e Becker (2003).

---

4.   Instituída pelo Decreto 2066 de 27/12/1952. *Diário Oficial do Estado de São Paulo*, ano 63º, nº 48, de 01/03/1953.

Para a identificação e estudo das transformações e das permanências no Bom Retiro, partimos da comparação dos mapas cadastrais da cidade, elaborados pelas empresas Sara Brasil[5] e Vasp Cruzeiro,[6] respectivamente em 1930 e 1954.[7] Os mapas foram digitalizados e redesenhados no software AutoCad, através do qual foram separados em diferentes camadas ("layers") cada elemento do tecido urbano: vias, quadras, lotes e edificações. Partiu-se então para a comparação quadra a quadra, lote a lote, identificando-se: 1) a abertura de vias ou continuidade do traçado urbano, 2) os rearranjos fundiários (desmembramentos e remembramentos de lotes), 3) as demolições, 4) as novas construções e 5) as alterações nas edificações (aumentos e reformas). Buscou-se também distinguir a causa das demolições – se originárias de rearranjos fundiários, de desapropriações por obras viárias ou aquelas que ocorreram sem alteração da estrutura do lote –, bem como matizar os rearranjos fundiários, identificando, na medida em que um mapa cadastral permite, a alteração de tipologias. Essa análise permitiu, por um lado, verificar as permanências nas estruturas físicas e, por outro, que tivéssemos uma escala dos processos de transformação que já estavam sendo ressaltados nos estudos sobre a cidade em 1958.

Para que pudéssemos qualificar esses processos, utilizamos três grupos de fontes primárias: os registros referentes à transferência de propriedades ("fichas por rua") do

5.   Mappa Topographico do Municipio de São Paulo, executado pela empreza Sara Brasil SA, pelo método Nistri de aerophotogrammetria, de accordo com o contracto lavrado em virtude da Lei 3203 de 1928, quando prefeito o Sr. Dr. José Pires do Rio, sendo Director de Obras o engenheiro Arthur Saboya. 1930. Publicado pela Prefeitura Municipal de São Paulo. (Escala 1:5000)

6.   Municipio de São Paulo. Levantamento Aerofotogramétrico executado por Vasp Areofotogrametria SA e Serviços Aerofotogramétricos Cruzeiro do Sul SA. Fotografias tomadas em janeiro de 1954 Autorizado pela Lei 4104/51. Iniciado na gestão do Prefeito Armando de Arruda Pereira. 1952-1957. Prefeitura Municipal de São Paulo. (Escala 1:2000)

7.   O mapa foi elaborado a partir de 1952 e publicado em 1957, porém as fotografias aéreas foram tomadas em 1954, motivo pelo qual adotaremos esta data.

Arquivo João Baptista de Campos Aguirra, conhecido como Arquivo Aguirra,[8] as fichas de abertura de processos referentes a obras, do Arquivo Municipal de Processos, e os anúncios imobiliários publicados para o Bom Retiro nas décadas de 1930 a 1950, pelo jornal *O Estado de S. Paulo*.

Os anúncios imobiliários forneceram informações como: data, rua, imóvel anunciado (terreno, casa, apartamento, vila, sobrado, prédio para renda, armazém com residência, edifício comercial e industrial), tipo de comercialização (venda ou aluguel), e anunciante (se particular, imobiliária, construtora ou banco). A análise desses dados permitiu a qualificação da dinâmica imobiliária no bairro e das características do próprio bairro, através de diversas classificações, como ruas com mais anúncios, predomínio de venda e aluguel, área mais comercial e mais residencial, usos dos imóveis, características da arquitetura, condições do bairro etc.

A análise dos anúncios imobiliários apontou diferentes dinâmicas dentro do bairro que conformam três setores: uma área mais comercial e mais valorizada, próxima ao centro; outra menos valorizada e com uma profusão de lotes abrigando múltiplos usos, como moradia, pequenos estabelecimentos comerciais, oficinas e indústrias de caráter artesanal e familiar, área mais próxima das várzeas; e outra mais residencial, localizada na várzea do rio Tietê, na área do bairro que se expandiu no período, após a retificação do rio. Diante desses resultados e também pela comparação dos mapas, que permitiu identificar áreas com maior concentração de determinados processos, foi feita a seleção da amostra levantada no Arquivo Aguirra e no Arquivo Municipal de Processos, onde era possível obter as informações por ruas. Elegemos algumas ruas mais representativas desses processos e com diferentes dinâmicas imobiliárias, que representaram cada um desses setores: a rua José Paulino e Ribeiro de Lima, representando a área mais comercial; as ruas Prates, dos Italianos e Anhaia, ruas que, devido à sua extensão, podiam representar tanto a área mais comercial e valorizada quanto a área menos valorizada, mais próxima à várzea; ruas situadas na área mais próxima à várzea, como as ruas Newton Prado e Sérgio Thomaz; e ruas situadas nas várzeas, como a Mamoré e a Matarazzo.

---

8.   O "Arquivo Aguirra" possui três fundos: as fichas por rua, as fichas por nome de proprietários e o fundo de sesmarias, além do acervo cartográfico.

No Arquivo Aguirra foram levantadas, para cada uma das ruas selecionadas, informações relacionadas a: endereço (número do imóvel), tipo de transação imobiliária (se venda, hipoteca, edital de praça ou inventário), data da transação, tipo de imóvel envolvido na transação (terreno, casa, sobrado), nome dos envolvidos e classificação como vendedor ou comprador, devedor ou credor, promovente ou penhorado, inventariante ou inventariado. Essas informações foram utilizadas para analisar as mudanças na estrutura fundiária do bairro, ou seja, a transferência de imóveis entre proprietários ao longo de certos períodos e a concentração (ou não concentração) de propriedades. Além disso, possibilitaram também o mapeamento e periodização da aquisição de imóveis pelos imigrantes italianos e judeus no Bom Retiro, mostrando a concentração desses grupos em diferentes áreas do bairro.

Do Arquivo Municipal de Processos foram levantados dados, também por ruas, relativos a: data da solicitação, endereço (número do imóvel), requerente e assunto, onde constavam solicitações de licença para: demolição, construção, aumento, reforma e instalação de elevador. A análise desses dados permitiu precisar os processos de transformação mais recorrentes em cada uma das ruas, entre demolições, construções, aumentos e reformas, dimensionando e identificando as diferenças internas no bairro. O cruzamento dessas informações com as do Arquivo Aguirra possibilitou a identificação dos proprietários de imóveis envolvidos nas transformações; e seu cruzamento com um levantamento sumário realizado no CREA e no Indicativo Profissional da revista *A Construção em São Paulo* possibilitou a identificação de diversos profissionais da construção, entre engenheiros, arquitetos, escritórios técnicos e construtoras, que atuaram no bairro.

A abordagem principal desta pesquisa foi a identificação das transformações do Bom Retiro a partir dos agentes que operaram sobre o território. A partir do estudo das transformações, buscou-se analisar também aquilo que não mudou, ou seja, quais características do bairro permaneceram ao longo do período. Essa abordagem se aproxima da abordagem da geografia sobre o modo pelo qual produção, formação social e espaço são categorias interdependentes, processos que juntos "são histórica e espacialmente determinados num movimento de conjunto, através de uma formação social" (SANTOS, 2002, p. 27-28). Segundo Milton Santos (2002, p. 31), o movimento do espaço é ao mesmo tempo efeito e condição do movimento de uma sociedade:

> Cada combinação de formas espaciais e de técnicas corres-
> pondentes constitui o atributo produtivo de um espaço, sua
> virtualidade e sua limitação. A função da forma espacial
> depende da redistribuição – a cada momento histórico,
> sobre o espaço total – da totalidade das funções que uma
> formação social é chamada a realizar. Esta redistribuição-
> relocalização deve tanto às heranças, notadamente o espaço
> organizado, como ao atual, ao presente, representado pela
> ação do modo de produção ou de um dos seus momentos.

Entendidos dessa forma, consideramos que as transformações e as permanências do espaço que foi nosso objeto de estudo, foram condicionantes para a instalação e transformação dos sistemas de produção que nele se instalaram, mas ao mesmo tempo foram reflexo da reconfiguração desses sistemas, e estiveram relacionadas à formação social que aí se deu, ou seja, aos diferentes e sucessivos grupos de imigrantes estrangeiros que se instalaram nesse espaço.

Para o estudo desse conjunto sociedade-espaço, o autor sugere sua divisão em categorias em separado e posterior reconstituição, permitindo que a realidade social seja apreendida. Essas categorias seriam a "Forma", a "Função", a "Estrutura" e o "Processo", assim definidos:

> Forma é o aspecto visível de uma coisa. Refere-se, ademais,
> ao arranjo ordenado de objetos, a um padrão. Tomada iso-
> ladamente, temos uma mera descrição de fenômenos ou de
> um de seus aspectos num dado instante do tempo. Função,
> de acordo com o dicionário Webster, sugere uma tarefa ou
> atividade esperada de uma forma, pessoa, instituição ou coi-
> sa. Estrutura implica a inter-relação de todas as partes de um
> todo; o modo de organização ou construção. Processo pode
> ser definido como uma ação contínua, desenvolvendo-se em
> direção a um resultado qualquer, implicando conceitos de
> tempo (continuidade) e mudança (SANTOS, 1997, p. 57)

Neste trabalho, o estudo da categoria "forma", que aqui estamos considerando a forma urbana parte, ainda, da fragmentação de seus elementos compositivos, seguindo Solà-Morales (1997). Segundo o autor, a análise isolada dos componentes do espaço urbano – urbanização, parcelamento e edificação – permite o estudo das formas do crescimento urbano. Essa metodologia foi usada principalmente na análise comparativa dos mapas cadastrais.

Por último, explicito o que consideramos como o bairro do Bom Retiro neste trabalho. À parte as delimitações atuais do subdistrito do Bom Retiro, aqui consideraremos o bairro com limites bem precisos: a porção de território localizada a noroeste do centro, compreendida entre a via férrea e o rio Tietê, respectivamente ao sul e ao norte, e pelas avenidas Rudge e Tiradentes, a sudoeste e a leste (Mapa 1). Segundo Certeau (2002, p. 38-39), a definição dos limites de um bairro está dada, por um lado, pela "matéria objetiva (as imposições externas, as disposições etc.) apenas até o ponto onde ele é a terra eleita de uma 'encenação da vida cotidiana' (...) enquanto ela tem algo a ver com o espaço público onde se desenrola". Por outro, o bairro é "o lugar onde se manifesta um 'engajamento' social ou, noutros termos: uma arte de conviver com parceiros (vizinhos, comerciantes) que estão ligados a você pelo fato concreto, mas essencial, da proximidade e da repetição". No Bom Retiro, as vias férreas, os rios Tietê e Tamanduateí e também em parte a Avenida Tiradentes são essas imposições; enquanto as disposições estão dadas por um conjunto de fatores cujas relações determinam o bairro do Bom Retiro: o traçado urbano, as atividades presentes no bairro, o grupo social e, segundo Certeau, "o vínculo que une o espaço privado ao espaço público". Desta maneira, pelas características das atividades econômicas, pelos modos de mudança da estrutura física e pelos limites precisos do bairro, é que delimitamos o Bom Retiro deste estudo.

A dissertação foi estruturada em quatro capítulos e conclusões. O Capítulo 1 trata do surgimento dos bairros centrais em geral, e do Bom Retiro em particular, a partir da urbanização do cinturão de chácaras nas duas últimas décadas do século XIX, e de como se deu a rápida ocupação dos bairros que surgiam. Esse capítulo mostra também como se deu o desenvolvimento do Bom Retiro que, se até o final do século XIX se destacava pela presença de grandes indústrias, já nas primeiras décadas do século XX passou a se caracterizar pela presença de pequenas indústrias, artesanais e familiares e, como os outros bairros operários, pelo predomínio da população estrangeira. Finalizamos o capítulo mostrando como o processo de metropolização de São Paulo, a partir dos anos de 1930, repercutiu no Bom Retiro.

No Capítulo II transcorremos sobre as transformações e permanências da área urbanizada do bairro, que se compacta no período de estudo principalmente através da "construção sobre o construído", processo no qual reformas e aumentos tiveram importante escala, maior no bairro que em outras áreas da cidade de São Paulo. A esse processo de compactação contribuíram também transformações na estrutura fundiária, os "rearranjos" – desmembramentos e remembramentos de lotes – e a verticalização. Os rearranjos fundiários tanto multiplicaram os terrenos, retalhando o solo urbano, quanto possibilitaram a edificação de tipologias que requeriam maiores lotes para sua implantação. A verticalização no bairro ocorreu a um só tempo em sintonia com a vontade de modernização da cidade, através da adoção da arquitetura moderna, e com as necessidades intrínsecas ao Bom Retiro: a acomodação da atividade de produção e de comércio de confecções em um mesmo espaço. Neste capítulo mostramos também como, apesar das transformações nas estruturas físicas, características de uso dos lotes, estabelecidas no início do século, se mantém ao longo do período de estudo.

No Capítulo III mostramos como as áreas de várzea eram tradicionalmente usadas no Bom Retiro e como se deu a expansão do bairro para essas áreas, após a retificação do rio Tietê na década de 1940. Mais que pela necessidade de saneamento, as obras de retificação do rio possibilitavam o incremento de terras na capital. Procuramos nesse capítulo caracterizar o processo de urbanização das várzeas no Bom Retiro, relativamente lento, apesar das expectativas que eram colocadas sobre essas áreas durante as obras de retificação do Tietê, evidenciando os conflitos e múltiplos interesses, e a característica dessa área após a urbanização.

No Capítulo IV, identificamos os proprietários e profissionais que atuaram no bairro. Os dados do Arquivo Aguirra, referentes à transferência de propriedades evidenciaram que, desde a formação do bairro, através do loteamento das chácaras até o período estudado (década de 1950), a atuação de imigrantes estrangeiros foi uma constante no Bom Retiro. Pudemos também identificar, através do cruzamento dos dados com a pesquisa de Feldman (2008) que os judeus que adquirem imóveis nessas décadas, no Bom Retiro, são também donos de pequenas indústrias de confecções. O capítulo apresenta e caracteriza, ainda, os profissionais da construção que atuaram no Bom Retiro: uma diversidade de engenheiros, arquitetos, escritórios técnicos e construtoras, de pequeno e grande porte, brasileiros, estrangeiros e filhos de estrangeiros, formados nas escolas politécnicas USP e Mackenzie ou no exterior.

Por último, nas Conclusões, foram colocadas as descobertas em relação às especificidades do desenvolvimento do bairro do Bom Retiro perante os estudos sobre a cidade de São Paulo, destacadas as transformações e as permanências no bairro no período de estudo e apontadas algumas questões que poderiam ser desdobradas ou aprofundadas em estudos posteriores, visando o melhor entendimento dos diferentes processos de transformação do Bom Retiro e dos bairros centrais.

Mapa 1. Bom Retiro e os bairros centrais de São Paulo

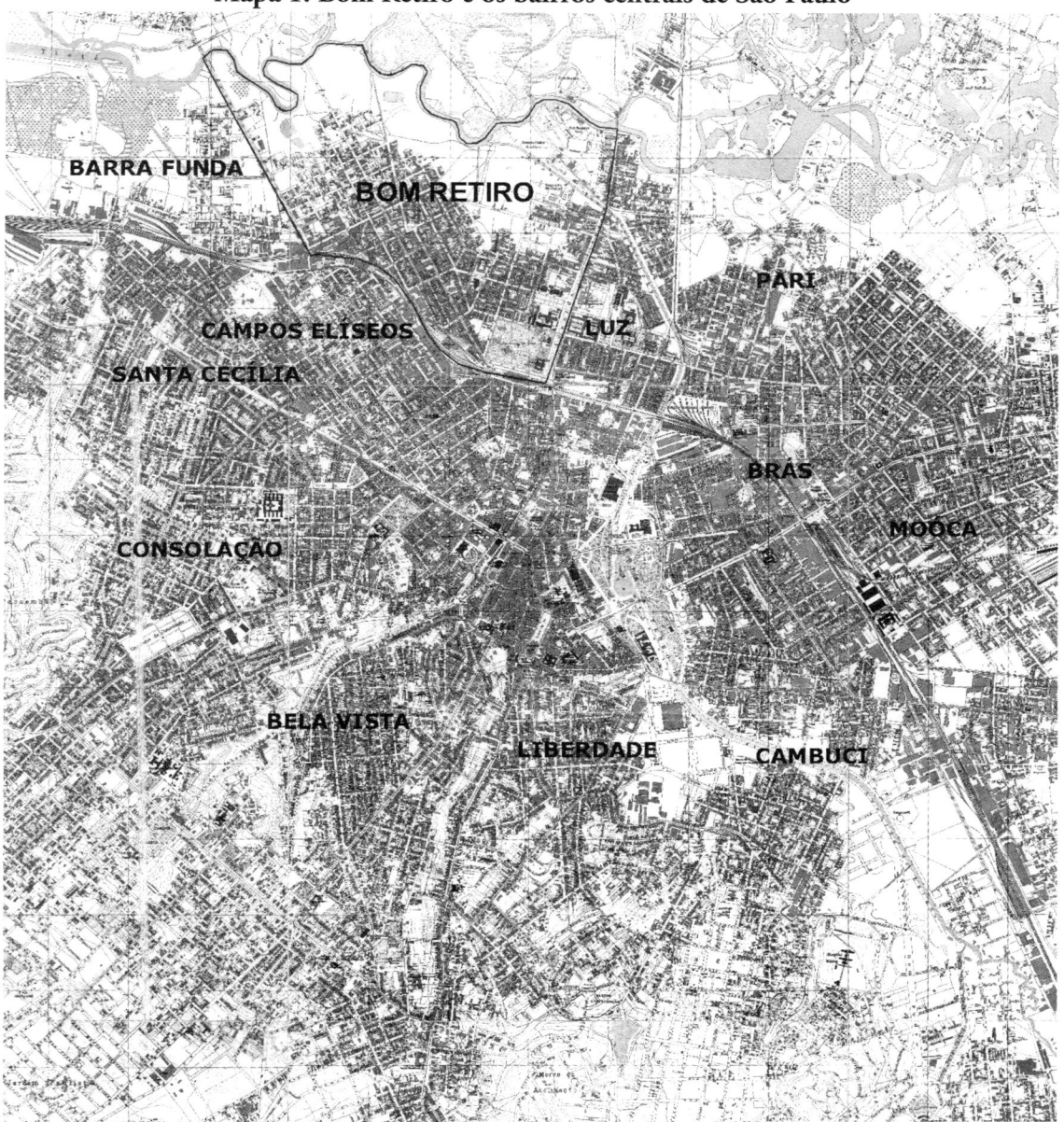

Fonte: Mapa Sara Brasil, 1930

I – O bairro do Bom Retiro da urbanização até a década de 1950

1. O processo de urbanização do cinturão de chácaras do final do século XIX a 1924

ATÉ INÍCIO DO SÉCULO XIX, a área que hoje corresponde ao Bom Retiro era conhecida como Campos do Guaré, uma planície aluvionar junto às várzeas dos rios Tietê e Tamanduateí, com vegetação rala arbustiva, usada para pastoreio e pequenas atividades agrícolas (SANTOS, 2000, p. 36). Vizinho dos Campos da Luz, os Campos do Guaré estavam localizados à esquerda da Estrada do Guaré, no sentido de quem saía da cidade de São Paulo em direção a Sant´Ana, estrada de ligação entre São Paulo e as cidades ao norte da província, como Bragança.

A cidade de São Paulo estava configurada pelo "triângulo" onde se originou seu povoamento, delimitado pelas ruas Direita, XV de Novembro e São Bento. Em torno desse núcleo adensado, configuravam-se, em forma de "auréola", as propriedades de caráter rural – o "cinturão de chácaras", como as que compunham os Campos do Guaré, abrigando basicamente duas funções: a de residência de fazendeiros e a do cultivo de frutas e legumes, para consumo próprio e abastecimento da cidade de São Paulo. O "cinturão de chácaras" era notadamente uma área que servia à cidade, organizada pela cidade (LANGENBUCH, 1971, p. II, 76).

São Paulo era extremamente modesta, tanto pelo seu tamanho quanto em comparação com as grandes cidades da época. A população do território, em 1836, era de 9.291 habitantes, e em 1874, de 19.347.[1] A população urbana era inferior a estas cifras, pois as freguesias que compunham a cidade (Sé, Santa Ifigênia[2] e Brás) compreendiam extensas áreas rurais, atingindo em alguns pontos os atuais limites do município de São Paulo, e chegando a ultrapassá-los em outros. Até o terceiro quartel do século XIX, a cidade teve pequena importância no quadro brasileiro, sendo a 10ª em número de habitantes, e se destacando por seu papel de entreposto comercial: era o ponto para onde convergiam os caminho que vinham do sul, e os que levavam ao interior do estado, a Mato Grosso e Minas Gerais. Pelo caminho do sul vinham as tropas de muares, que eram comercializadas em Sorocaba e serviam a todo o país como meio de transporte. Muitos animais eram levados de Sorocaba a São Paulo para uso ou exportação. Segundo Singer (1977, p. 25), "... não fosse a função comercial, São Paulo não disporia de gente com recursos, capaz de aproveitar a proximidade da feira sorocabana, para participar desta atividade comercial". Pelo caminho que ligava a zona aurífera do Mato Grosso com o porto de Santos, eram enviados, de São Paulo para Mato Grosso, produtos da província de São Paulo e produtos vindos do sul,[3] como cereais e toucinhos, e artigos de importação, como tecidos, armas e munições.

A função de entreposto comercial garantiu à cidade um "desenvolvimento econômico lento, porém cumulativo" que gerou um "certo processo de urbanização", refletido no incremento da população urbana, em melhoramentos públicos e na expansão da cidade. A população urbana mais que duplica no período: em 1836 representa mais de 40% do total e em 1872 supera os 60% (SINGER, 1977). A cidade recebe iluminação pública a gás, em 1847, um matadouro e uma penitenciária, em 1852, melhorias no abastecimento de água, a partir de 1851 e pavimentação das ruas por volta de 1860, e

---

1. Müller, Daniel Pedro. *Ensaio d'um Quadro Estatístico da Província de São Paulo* (Reedição Literal do original de 1838). "O Estado de São Paulo", São Paulo, 1923. *Apud* LANGENBUCH, 1971, p. 8.

2. Em 1936 a Freguesia de Santa Ifigênia foi desmembrada, originando a Freguesia da Consolação.

3. Essa corrente de comércio inter-regional foi denominada de "monções".

se expande também em área urbanizada. Segundo a descrição de Langenbuch (1971, p. 67), alguns bairros, na metade do século, já começavam a se esboçar:

> ... a partir do Centro temos inicialmente a `unidade´ da Sé abrigando a porção mais central da cidade, cuja população cresceu em apenas 63%. Esta é contrastada pelas `unidades´ Santa Ifigênia, Consolação e Brás com um crescimento de 150% e 252% respectivamente. Tal contraste certamente se relaciona com o crescimento horizontal da cidade. A porção central desta, sita na colina localizada entre o Anhangabaú e Tamanduateí, estava tôda compreendida na freguesia da Sé. O crescimento horizontal da cidade provocou uma crescente urbanização na margem esquerda do Anhangabaú abrangendo os bairros de Santa Ifigênia, Chá e Consolação, compreendido nas freguesias Santa Ifigênia e Consolação. O bairro da Luz, compreendido na primeira destas freguesias, igualmente se esboçava. O bairro do Brás, compreendido na freguesia homônima, também se urbanizava.

Nesse período foram instalados no cinturão de chácaras estabelecimentos que pela função ou porte exigiam espaços mais amplos, localização campestre ou isolamento, como pousos de tropas, cemitérios, hospitais, colégios, depósitos de pólvora (LANGENBUCH, 1971, p. 76). Na região dos Campos da Luz e Campos do Guaré, onde já existia o Convento da Luz, de 1784, foram instalados o Jardim Botânico, com construção iniciada em 1709 e concluída em 1825, que passou a se chamar "Jardim Público" em 1938 e posteriormente Jardim da Luz (BRUNO, 1984, p. 386), a Cadeia Pública ou Casa de Correção, ao lado do Jardim da Luz, em 1852, e o Seminário Episcopal Mauá, em 1856. A Planta Histórica da Cidade de São Paulo 1800-1874, de Affonso de Freitas (Figura 1.1), mostra que também se localizava aí um pouso de tropas, estabelecimento comum às estradas que ligavam São Paulo ao interior da província e a Santos.

Figura I.1. Pormenor da Plan Historia da cidade de São Paulo 1800-1874 por Affonso A. de Freitas.

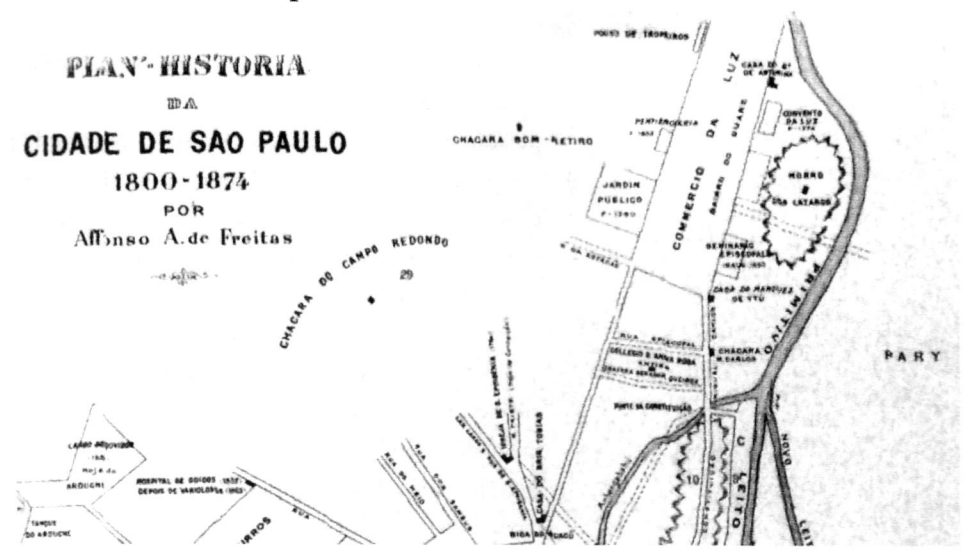

Fonte: REIS FILHO, 2004.

Na segunda metade do século XIX o cinturão de chácaras passa por um processo diversificado de transferência de propriedades, conforme mostra o trabalho de Bruno (1984). As chácaras que deram origem ao bairro dos Campos Elíseos, por exemplo, foram compradas pelos alemães Nothmann e Glette, que as arruaram nos anos de 1880. O bairro de Vila Buarque originou-se da antiga chácara de Rego Freitas, comprada por um sindicato de capitalistas que abriu seu arruamento. Outras chácaras foram de proprietários da elite paulista: a chácara que pertenceu ao brigadeiro Rafael Tobias de Aguiar originou partes de Santa Ifigênia; a Chácara das Palmeiras, de Maria Angélica de Souza Queiróz Barros, deu origem aos arruamentos que mais tarde conformariam o bairro de Higienópolis; a chácara do Conselheiro Antônio Prado originou parte da Barra Funda e a de Martinho da Silva Prado, parte da Consolação. Parte do bairro da Barra Funda e o bairro do Bom Retiro originaram-se do sítio que pertenceu ao Barão de Iguape, e que foi comprado pelo judeu alsaciano Manfred Mayer,[4] responsável pelo seu arruamento e loteamento.

A área correspondente ao Bom Retiro, conforme o mapa São Paulo – chácaras, sítios e fazendas ao redor do centro, desaparecidos com o crescer da cidade (Mapa 2), era composta também pelas chácaras do Marquês de Três Rios, Chácara Dulley, Chácara da Fazenda Municipal, parte do Sítio do Carvalho, Chácara Fidêncio Prates, Chácara Dona Maria Marcolina de Barros e parte da Chácara Elias Chaves. Na principal delas, a de Manfred Mayer, estava a primeira olaria da cidade, a Olaria Manfred, situada mais em direção à várzea (DERTÔNIO, 1971, p. 12).

Segundo Langenbuch (1971), as primeiras áreas a receberem arruamentos e construções foram as imediatamente contíguas ao centro, como o Morro do Chá, situado entre o Vale do Anhangabaú e a Praça da República, que, arruado e loteado em 1876, já se achava em 1881 bastante edificado.[5] O bairro de Santa Ifigênia encontrava-se nas mesmas condições. A Chácara do Campo Redondo dava início ao bairro do Campos Elíseos, neste ano bem arruado, apesar de apresentar ainda poucas construções. Os bairros da Liberdade e do Brás se expandiam, e a rua do Brás era ligada à rua do Gasômetro, constituindo um eixo de urbanização linear. A área central, na colina entre o Tamanduateí e o Anhangabaú, destacava-se das demais por ser bastante compacta, ao passo que as outras mencionadas apresentavam ainda muitos vazios no interior dos quarteirões e nas faces de quadras. Em 1890 os bairros da Bela Vista, Vila Buarque e Santa Cecília, a área entre a Luz e o Brás e parte do Bom Retiro já estavam arruados.

Com a abertura da ferrovia e a construção da Estação da Luz ao lado do Jardim Botânico são instalados nos Campos do Guaré edifícios de suporte à atividade ferroviária, como oficinas, depósitos de materiais de construção e armazéns, que valorizaram a área. Ao longo da segunda metade do século XIX, são implantados também edifícios públicos, entre eles vários estabelecimentos de ensino. Em 1873 foi fundada a Sociedade Propagadora de Instrução Popular, com a finalidade "de ensinar o ensino das primeiras

---

4.   Encontramos registros também com a variação do sobrenome para MEYER.

5.   O autor faz a comparação dos mapas *Planta da Cidade de São Paulo* de Henry B. Joyner, de 1881, e a de Jules Martin, *Planta da Capital do Estado de São Paulo e Seus Arrabaldes*, de 1890. (LANGENBUCH, 1971, p. 79)

letras à classe menos favorecida, em aulas noturnas, gratuitas" (LOUREIRO, 1981, p. 62 citado por SANTOS, 2000, p. 39), reorganizada em 1882 com o nome de Liceu de Artes e Ofícios. Em 1893 o Liceu se tornaria a Escola Politécnica que, mais tarde, em 1934, seria incorporada à Universidade de São Paulo.

Mapa 2. São Paulo – chácaras, sítios e fazendas, ao redor do centro (desapareci-dos com o crescer da cidade). Escala 1:20.000

FONTE: MUSEU PAULISTA DA USP

Também em 1882 foi instalado no final da Rua dos Imigrantes (atual Rua José Paulino) o primeiro alojamento de imigrantes da cidade, que dava abrigo aos imigrantes que chegavam pela Estação da Luz, desembarcados no Porto de Santos. Em 1884 foi instalada no bairro a primeira escola de ensino primário da cidade, o grupo Prudente de Morais, em 1905 a Escola de Farmácia (que também seria incorporada à USP em 1934), e em 1907 o Colégio Santa Inês. A presença de todos esses estabelecimentos de ensino tornaria o bairro do Bom Retiro uma importante referência na cidade.

Mas o início de uma urbanização efetiva das chácaras só viria a ocorrer com a implantação da rede ferroviária.[6] A ferrovia possibilitou que a produção cafeeira de uma ampla região, compreendendo o litoral sul do Rio de Janeiro e litoral norte de São Paulo, o Vale do Paraíba, as Zonas da Mata e Sul de Minas e depois o Oeste Paulista, norte do Paraná, sul de Goiás e Mato Grosso, fosse escoada pelo Porto de Santos a partir de 1867, tornando toda essa região tributária de São Paulo, o que aumentaria em importância a influência da capital paulista na economia do país (SINGER, 1968). No ano de 1890, o estado de São Paulo tinha 2.425km de trilhos implantados; somente três das ferrovias (São Paulo Railway, Cia. Paulista e Cia. Mojiana) transportavam mais de um milhão de toneladas de carga e mais que o mesmo número de passageiros (MORSE, 1970, p. 229).

Para a cidade, a ferrovia foi considerada um marco na sua evolução por diversos autores. Implantada em função do boom cafeeiro, na cidade de São Paulo a ferrovia valorizou as terras de várzea do Tietê e Tamanduateí, atraiu indústrias e imigrantes, influindo na urbanização desses bairros e determinando eixos de expansão da cidade. Para Langenbuch (1971), a ferrovia mudou a dinâmica da ocupação espacial da cidade, pois provocou o crescimento urbano em áreas antes evitadas pela cidade ou pelos

---

6   Já em 1870, a província de São Paulo contava com 139km de trilhos. Ao longo desta década, foram implantadas e inauguradas: a Cia. Paulista, em 1872, extensão da Estrada de Ferro Santos-Jundiaí (antiga São Paulo Railway), aberta de Jundiaí a Campinas em 1872, a Limeira e Rio Claro em 1876, e a Descalvado em 1881; A Cia. Ituana, aberta de Jundiaí a Itu em 1873, e a Piracicaba em 1879; a Cia. Sorocabana, aberta de São Paulo a Sorocaba em 1875, a Ipanema em 1875 e a Tietê em 1883; a Cia. Mojiana, aberta de Campinas a Moji Mirim e Amparo em 1883, a Casa Branca em 1878, a Ribeirão Preto em 1883 e a Poços de Caldas em 1886 (trazendo uma região do sul de Minas para a esfera econômica de São Paulo). (MORSE, 1970, p. 229).

velhos caminhos de tropas – as várzeas e os terraços fluviais de baixadas relativamente enxutas. No entorno imediato da cidade, ocorreu a "expansão por aglutinação" que afetou sobretudo o cinturão de chácaras, através do loteamento dessas propriedades. Nos arredores, a ferrovia possibilitou o surgimento de povoados junto às estações, os "povoados-estações", que tornavam-se pólo de atração de estabelecimentos fabris e novos assentamentos. Esse processo seria o principal processo de expansão urbana até a primeira década do século XX (LANGENBUCH, 1971, p. 79, 129).

Outros autores, à implantação da rede ferroviária, associam as características do sítio físico como determinantes do crescimento urbano no último quartel do século XIX e primeiras décadas do século XX. Morse (1970, p. 356) coloca que a implantação da ferrovia em terrenos antes indesejáveis à ocupação, por serem baixos e úmidos, veio determinar a formação de uma faixa industrial "que se estendeu por um amplo arco a este a ao norte do centro" onde "principalmente no Brás e na Mooca, foi morar a maioria dos trabalhadores". Para Villaça (1998, p. 193), as barreiras representadas pelo eixo da Estrada de Ferro São Paulo Railway definiram duas áreas em relação ao núcleo central, uma com fácil e outra com difícil acesso. Em um primeiro momento, quando a estação ferroviária ainda era equipamento urbano de prestígio e enquanto ainda não havia indústrias na cidade, a proximidade da via férrea não prejudicou a instalação de bairros como o de Campos Elíseos, mas dez anos depois, a instalação das ferrovias para o Rio e a Estação do Norte não atraíram mais a alta renda, nem a ferrovia a oeste, na Barra Funda, atraiu tantas indústrias quanto a parte do Brás e da Móoca. A população de alta renda passou a preferir a parte com melhor acesso ao centro. "Definia-se, assim, a divisão da cidade em 'lado de cá' e 'lado de lá' dos trilhos" (VILLAÇA, 1998, p. 193. Aspas do autor).

Bruno (1984) caracteriza essa divisão da cidade como "dois grandes desdobramentos urbanos". O primeiro constituiu a zona mais residencial, indo do Bixiga à Barra Funda, e atingindo o Pacaembu, a Avenida Paulista, os Campos Elíseos, Perdizes, Água Branca e Lapa. O segundo situou-se no centro industrial da cidade, e se constituiu como bairros operários ao longo da ferrovia – Ipiranga, Cambuci, Brás, Pari, Luz, Bom Retiro, Barra Funda, Água Branca e trechos da Lapa.

Para Monbeig (1958, p. 189) o processo de urbanização das chácaras foi impulsionado tanto pela acessibilidade garantida pela ferrovia como também pela implantação das linhas de bonde:

No norte da cidade, a epidemia de urbanização propagou-se a partir da Estação da Luz. Santa Ifigênia, Campos Elíseos, Barra Funda e Bom Retiro desenvolviam-se tão depressa como o Brás. Os bondes Nothmann e Glette em 1872 facilitaram-lhe o acesso, melhor ainda, ofereceram aos fazendeiros terrenos afastados do centro urbano para o estabelecimento de um bairro novo de artérias bem traçadas, com verdadeiras avenidas e bastante espaço para construir luxuosamente conforme o gôsto do dia; era o bairro dos Campos Elíseos, colonizado pelas maiores famílias paulistas. Ao longo e de ambos os lados das vias férreas abriram-se ruas populares na Barra Funda e no Bom Retiro (1884-1886) pela reforma e prolongamento das ruas Helvétia e José Paulino.

O loteamento e arruamento das propriedades do cinturão de chácaras, que originaram um conjunto de bairros no entorno do centro, foi um processo rápido, e essa área até então com características rurais passou rapidamente a integrar a cidade. Sucessivos mapas da cidade de São Paulo, elaborados em 1901 (Mapa 3), 1913 (Mapa 4), 1916 (Mapa 5) e 1924 (Mapa 6), mostram que foi nas duas primeiras décadas do século XX que os bairros adjacentes ao centro deixaram de ser "periferia" da cidade e passaram a fazer parte de uma zona de transição entre o centro e os bairros. O mapa 3, Planta da Cidade de São Paulo com as redes de esgotos, de 1901, mostra que nesse ano os bairros ao redor do centro estavam apenas parcialmente arruados (considerando-se a área que vieram a ter posteriormente). Havia entre o Bom Retiro e a Barra Funda uma área considerável sem arruamentos; Santa Cecília e Consolação tinham grandes áreas ainda não arruadas; na Bela Vista os terrenos mais acidentados não estavam ocupados, o mesmo acontecendo com a Liberdade. Mesmo os bairros com mais arruamentos, nesse mapa, tinham amplas áreas com arruamentos apenas esboçados ou ainda em projeto, o que se pode ver pela diferença entre as linhas cheias e contínuas do mapa. O único bairro isolado da área mais compacta da cidade que o mapa mostra era o de Santana, e os bairros de Vila Mariana, Cambuci, Perdizes e Belenzinho apenas iniciavam a urbanização, estes dois últimos já em parte providos de rede de esgotos.

O Mapa 4, de 1913, mostra uma expansão das áreas urbanizadas para todas as direções, equivalendo à expansão dos bairros existentes ao redor do centro, dos bairros esboçados no mapa de 1901 e ao surgimento de bairros novos. O mapa mostra também a ligação do centro com núcleos isolados, como Nossa Senhora do Ó, Penha, Vila Prudente e Pinheiros, surgidos de aldeamentos indígenas (LANGENBUCH, 1971). O estudo de Langenbuch mostra que estes povoados já existiam em 1901, e embora estejam omitidos no mapa desse ano (Mapa 3), o fato de estarem representados no mapa de 1913 pode revelar que se tornaram mais importantes para o conjunto da cidade, participando da sua dinâmica, bem como evidenciar seu crescimento.

O mapa de 1916 (Mapa 5) mostra o arruamento da cidade com pouca diferença do mapa de 1913 (Mapa 4), mas representa as quadras edificadas, revelando que naquele ano alguns bairros, como Campos Elíseos, Santa Ifigênia, Luz, Santa Cecília, Bela Vista e Liberdade já estavam totalmente consolidados, e os do Bom Retiro, Barra Funda, Consolação, Cambuci e Mooca parcialmente edificados, embora já urbanizados, e todos eles incluídos no perímetro urbano, exceto parte do Bom Retiro e da Barra Funda. Embora já quase que totalmente dentro do perímetro urbano, esses bairros, nesse ano, ainda configuravam uma "borda", uma auréola ao redor do centro, como definiu Langenbuch (1971), participando em parte da "zona suburbana". No ano de 1924, a Planta da Cidade de São Paulo mostrando todos os arrabaldes e terrenos arruados (mapa 5) evidencia que os bairros ao redor do centro já começavam a fazer parte de uma "zona de transição" entre o centro e alguns bairros. Brás, Liberdade, Bela Vista, Vila Buarque, Santa Cecília e Campos Elíseos já estavam totalmente envolvidos pelos novos bairros, e os bairros situados entre a linha férrea e o rio Tietê – parte da Barra Funda, Bom Retiro, Luz e Pari – eram os que ainda apresentavam áreas não urbanizadas, devido às limitações desses elementos.

Estes bairros que se estruturam entre a linha férrea e o rio Tietê, e que podem ser caracterizados como bairros centrais industriais (FERNANDES, 1986, p. 68), surgem nesse contexto de uma primeira expansão urbana significativa da cidade, marcada pela dinâmica industrial e pela presença da população imigrante. Como afirma Fernandes, essa constituição inicial, cristalizada no espaço, vai dar o tom de sua própria evolução, uma vez que um espaço, uma vez constituído, assume formas de desenvolvimento com dimensões e tempos que, ainda que regidos por uma lógica geral, guardam movimentos próprios.

A presença da via férrea e a proximidade da área central atraíram as primeiras indústrias para esses bairros, no final do século XIX. Atraídos pelas indústrias, e por terrenos mais baratos, instalaram-se no Bom Retiro, na Barra Funda, Brás, Pari e Mooca a grande maioria dos imigrantes estrangeiros chegados no início do século, configurando esses bairros como bairros industriais e operários, de imigrantes estrangeiros.

Mapa 3. Repartição de água e Esgotos de São Paulo. Planda da cidade de São Paulo com redes de esgotos oganizada pela Seção de esgotos. 1901. Escala 1:20.000.

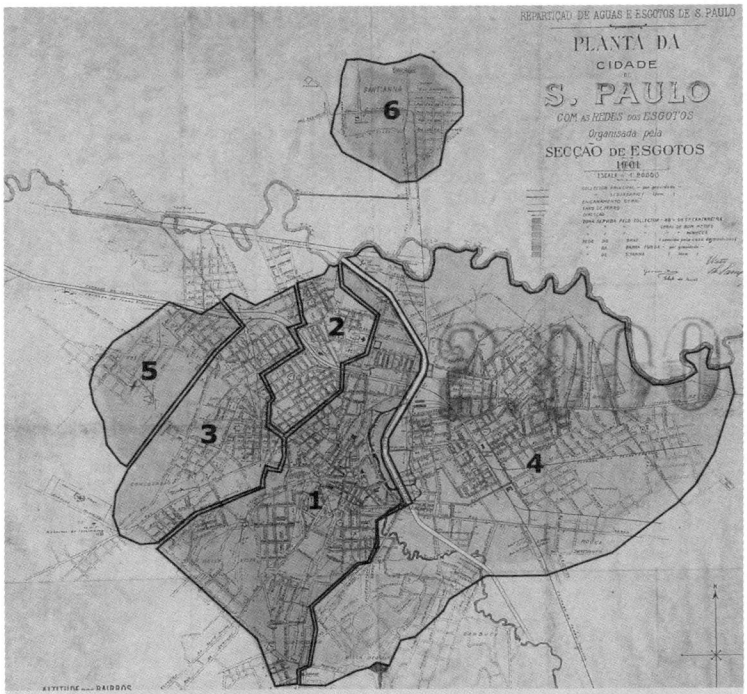

1. Zona servida pelo coletor da Cia Cantareira, 2. Zona servida pelo coletor geral do Bom Retiro, 3. Zona servida pelo coletor geral de Minhoca, 4. Rede do Braz 5. Rede da Barra Funda, 6. Rede de Santana

Fonte: Museu Paulista da USP

Mapa 4. Planta Geral da Cidade de São Paulo. Levantada e Organizada pelo engenheiro civil Alexandre Mariano Cococi e Luiz Fructuoso F. Costa. Propriedade exclusiva da Comp. Lith. Hertmann-Reinchenbach. Escala 1:20.000.

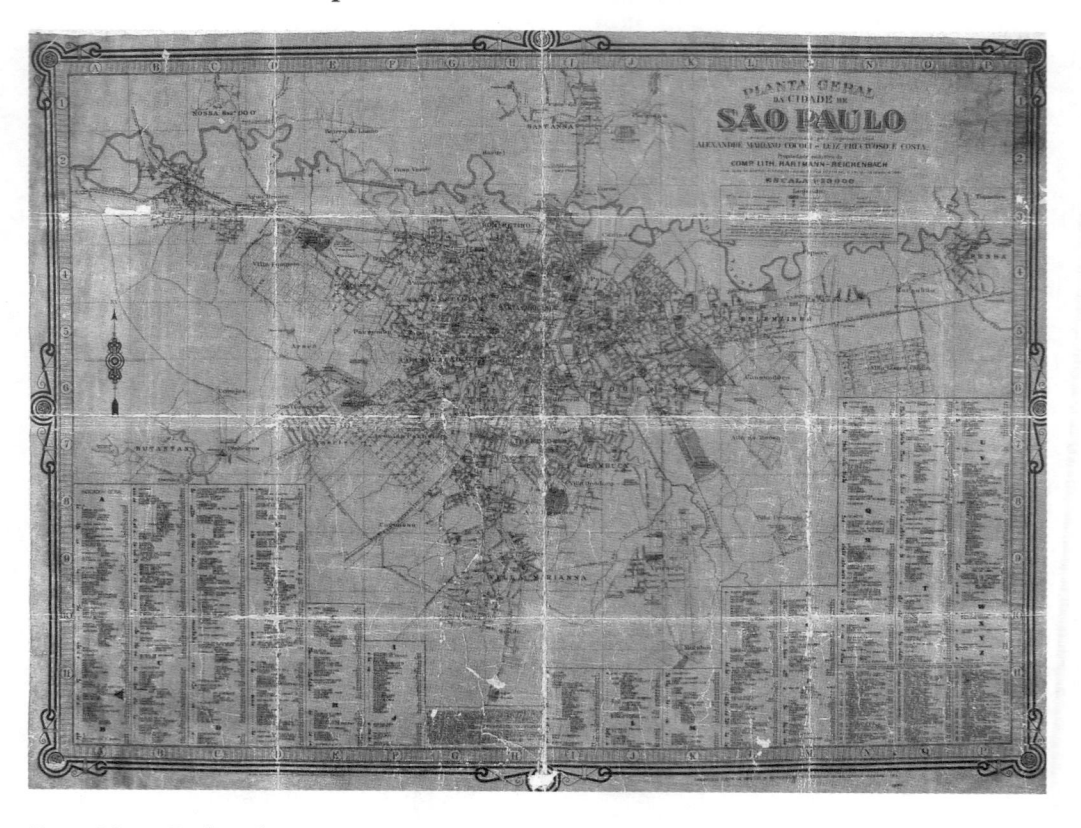

Fonte: Museu Paulista da USP

Mapa 5. Planta da Cidade de São Paulo levantada pela Divisão Cadastral da 2ª Seção da Diretoria de Obras e Viação da Prefeitura Municipal. Edição Provisória. 1916. Escala 1:20.000.

Fonte: Museu Paulista da USP

Mapa 6. Planta da Cidade de São Paulo mostrando todos os arrabaldes e terrenos arruados. 1924. Escala 1:26.000.

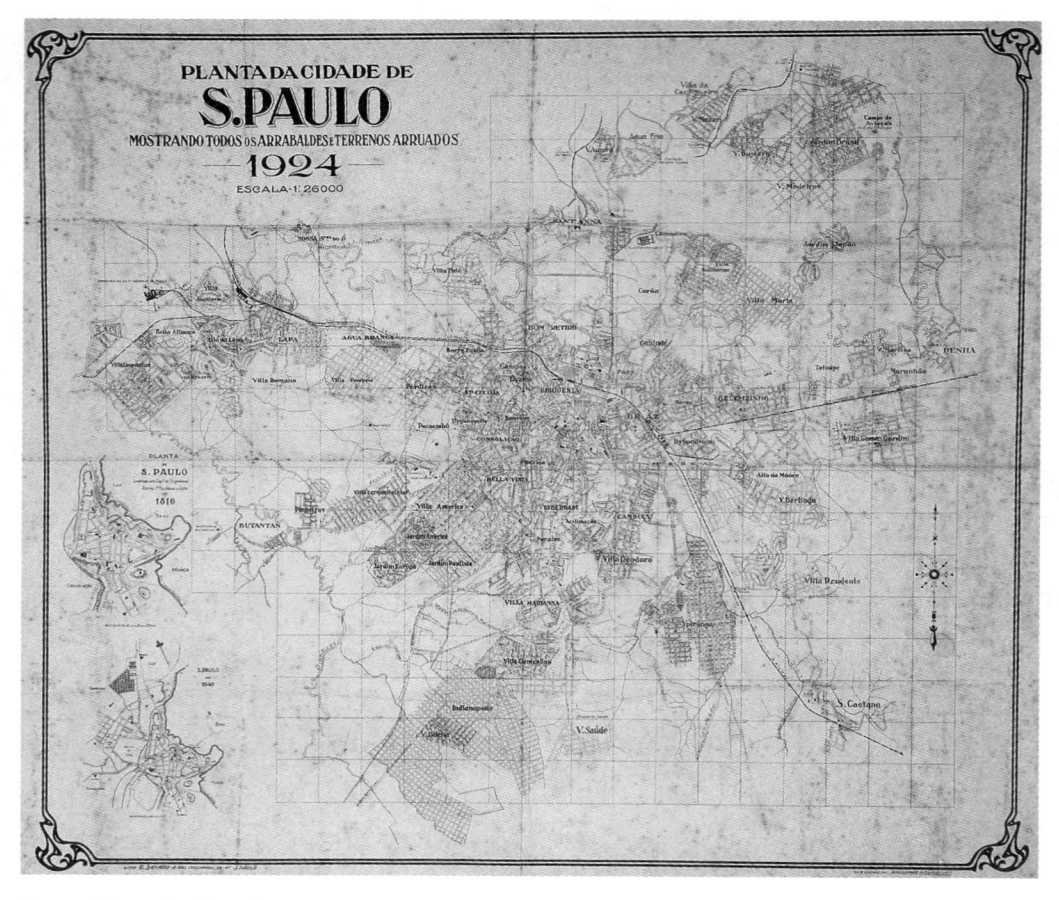

Fonte: Museu Paulista da USP

2. Urbanização e ocupação do bairro: indústrias e operários, pequenos negócios e imigrantes estrangeiros

A área correspondente ao Bom Retiro foi uma das primeiras a serem arruadas e loteadas, juntamente com as áreas que se tornaram os bairros de Santa Ifigênia e Campos Elíseos (MENDES, 1958, p. 191). Segundo Mendes,

> As condições favoráveis da topografia, aliadas à proximidade do núcleo original da cidade, explicam que o trecho ora focalizado fôsse um dos primeiros a ser loteado e ocupado, tão logo teve início a admirável expansão de São Paulo. Foi êle que conheceu, antes de qualquer outro, uma planificação racional, com ruas entrecortando-se em ângulo reto, como se fôra um tabuleiro de xadrez, num violento contraste com o traçado irregular e espontâneo que tão bem caracteriza a colina central, berço da cidade.

O início do arruamento do Bom Retiro e da venda de lotes pelos proprietários das chácaras dos Campos do Guaré ocorreu na década de 1880. Nos registros do Arquivo Aguirra constam transações de venda de propriedades por Manfred Mayer a partir de 1881, e pelo Marquês de Três Rios, em 1882. O primeiro registro de venda por Manfred Mayer ocorre na rua José Paulino, e o do Marquês de Três Rios na rua Capitão Matarazzo. Já a Chácara Dulley é loteada somente no início do século: as figuras 1.2 (Terrenos da Chácara Dulley, São Paulo) e 1.3 (planta de terrenos no Bom Retiro) mostram um projeto de loteamento de 1904, que consistia na divisão dessa chácara em 232 lotes de áreas variadas e frentes predominantes de 5 a 10 metros. Esta divisão não chegou a se concretizar segundo o desenho, pois no mapa cadastral de 1930 (Mapa 7), observa-se que a quadra compreendida entre as ruas "x" (Correa de Melo), "y" (Corrêa dos Santos) e Guarany aparece com um único lote, onde foi implantado o Colégio Santa Inês, em 1907, que ali permanece até hoje.

Figura I.2. Terrenos da Chácara-Dulley São Paulo, Capital, anno 1904

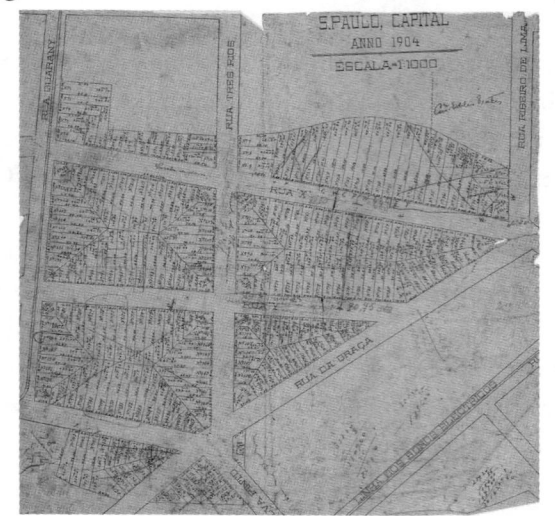

Fonte: Arquivo Aguirra do Museu Paulista da USP

Figura I.3. Planta de Terrenos (Chácara-Dulley)

Fonte: Arquivo Aguirra do Museu Paulista da USP

Nos últimos anos no século XIX, São Paulo já dispunha de um significativo mercado de mão-de-obra, tinha sua função de entreposto comercial reforçada, com o café circulando pelas ferrovias e sendo comercializado na capital; passava por melhorias urbanas advindas do surto do café, uma vez que a arrecadação municipal tornava-se maior, e já apresentava as condições que permitiriam o surto industrial da cidade (SINGER, 1968, p. 31). Nesses anos, a capital cresceu em ritmo acelerado: de 28 mil habitantes em 1860, passa a ter 65 mil em 1890 e 240 mil em 1900.

Essa dinâmica de desenvolvimento econômico da cidade, advindo do boom cafeeiro e da instalação das ferrovias, repercute na rápida ocupação do Bom Retiro. Parte do bairro surge nos anos de 1880, e no início do século XX sua estrutura urbana já está bem definida: vias paralelas ao Jardim da Luz, que vão em direção ao rio, e limites bem precisos: ao sul a linha férrea, a leste a avenida Tiradentes, a nordeste o rio Tamanduateí, a norte o rio Tietê, e a oeste a avenida Rudge. O isolamento inicial do bairro, causado pelos trilhos da ferrovia, foi resolvido com a construção de um viaduto unindo a rua José Paulino, principal via de acesso ao bairro, e a rua Couto de Magalhães, e pela passagem inferior da Alameda Nothmann sob as linhas da Estrada de Ferro Santos-Jundiaí. Em 1889 o Bom Retiro já dispunha de uma linha de bonde da Cia. Ferro Carril de São Paulo, linha que servia uma área de interesse de Manfred Mayer. Segundo Brito (2000, p. 43) essa empresa incluía entre seus sócios empresários frequentemente associados a Mayer, como V. Nothmann, J. Eugênio de Lima e Jules Martin.

Surgido como bairro operário, com a presença de grandes indústrias que empregavam parte da população residente no bairro, de origem estrangeira, o Bom Retiro já no início do século passou a se caracterizar pela presença de pequenas indústrias, oficinas e comércio; pela estreita ligação com o centro; pelo abrigo de instituições de ensino que serviam a toda a cidade, e pela presença de moradores de diversas etnias – sírios, libaneses, turcos, russos, portugueses e espanhóis, israelitas e principalmente italianos.

A característica de bairro operário foi determinada pelo loteamento das chácaras, que diferiu do loteamento que deu origem ao bairro vizinho de Campos Elíseos, por exemplo, no qual os loteadores buscaram atrair uma população de alta renda através de diferenciais no desenho urbano, infraestrutura e dimensões dos lotes (BRITO, 2000, p. 122). Mesmo com loteadores em comum, o parcelamento do Bom Retiro buscou o maior aproveitamento das quadras, através da criação de lotes de frente estreita. As dimensões dos lotes e a precariedade da infraestrutura direcionavam a venda para uma população de menos recursos, o que tornou o Bom Retiro um bairro populoso, de operários que no final do século XIX e início do XX viviam em más condições:

> O Bom Retiro é, por assim dizer, exclusivamente habitado por operários, que compreendem uns 4000 indivíduos. Bem que andou o Manfred Meyer abrindo ruas e vendendo lotes nos seus vastos terrenos no Bom Retiro (...) É de lastimar que não se tenham melhor preparado os terrenos do Bom Retiro para evitar que as águas pluviais fiquem retidas em alguns lugares, e também poderia ter havido melhor direção no alinhamento de algumas construções (RAFFARD, 1977, p. 18-19)

Os problemas de escoamento de águas e da qualidade da água para consumo eram ressaltados na imprensa em 1890:

> Rogo a V. o obséquio de chamar a ataenção do Dr. Inspetor de Higiene Pública para o Bairro do Bom Retiro.
> Diariamente há nesse bairro casos de doenças causadas pela água imprestável dos poços existentes. Não será possível colocar desde logo uns chafarizes públicos ligados à rede da Companhia Cantareira, dando aos habitantes a faculdade de tirar água potável? (Diário Popular, 30/11/1890 citado por RAFFARD, 1977, p. 19)

Anos depois, em 1894, o bairro já contava com melhores serviços de águas pluviais e rede de esgotos domiciliar, como mostram os mapas da Comissão de Saneamento do Estado de São Paulo e da Repartição de Águas e Esgotos (Mapa 3). No entanto, Bandeira Júnior ainda apontava, em 1901, para a precariedade desses serviços e para as condições de habitabilidade dos operários do bairro:

> Nem um conforto tem o operário nesta opulenta e formosa Capital.
>
> Os bairros em que mais se concentram por terem um maior número de fábricas, são os do Brás e do Bom Retiro.
>
> As casas são infectas, as ruas, na quase totalidade, não são calçadas, há falta de água para os mais necessários misteres, escassez de luz e de esgotos. (BANDEIRA JÚNIOR, 1901, p. XIV)

Como os outros bairros operários da cidade – Brás e Mooca, principalmente – o Bom Retiro rapidamente torna-se um bairro populoso, com grande parte de sua população vivendo em cortiços. De 4.000 habitantes em 1901, passa a ter 29.804 em 1920. Os dados do censo para esse ano apontam a existência de 63 "pensões ou casas de cômodos" no bairro, que possivelmente eram cortiços, uma vez que os hotéis eram categoria à parte. O bairro contava com 4727 "residências particulares", número que somado às 63 casas de cômodos ou pensões, dá uma média de 6 habitantes por habitação, média bastante comum para os cortiços da época (MORSE, 1970, p. 264).

O levantamento de Bandeira Júnior (1901) mostra a presença, no Bom Retiro, de sete indústrias, fundadas entre 1886 e 1889, algumas de grande porte, caracterizadas pela presença de operários estrangeiros (Tabela 1.1). Além destas, também havia a Cervejaria Germânia, que mudaria seu nome mais tarde para Cia. Antarctica Paulista. Em 1912, a cervejaria estava adquirindo propriedades na rua dos Italianos, conforme mostram os registros de compra e venda do Arquivo Aguirra. No ramo da tecelagem, estamparia e vestuário, além da Fábrica de Tecidos e Fiação Anhaia, que passou a se chamar Cia Fabril Paulistana,

> outros estabelecimentos (…) tinham suas instalações no bairro: a estamparia José Haider & Cia., na rua Três Rios, a fábrica de camisas Chueri & Irmãos, na rua Ribeiro de Lima, as fábricas de meias de Augusto José & Irmãos, na rua dos Italianos, e de Nair Diab Maluf, na rua Ribeiro

de Lima (...) e uma fábrica de estopa, pertencente a Ugo Conti. (Siqueira, 2002, p. 38).[7]

Além dessas atividades ligadas ao ramo de tecidos, existiam no bairro:

> a casa Esposito, fábrica de calçados na rua José Paulino; as oficinas da Companhia Inglesa (Rua José Paulino) e da Ford (rua Solon e, mais tarde, rua Tenente Pena). Havia ainda uma fábrica de espelhos, propriedade de Ernesto Richer, na rua dos Italianos; uma fábrica de doces na rua José Paulino, propriedade de Luiz Kauffmann, uma chapelaria na rua Anhaia, pertencente a João Cami; a Destiladora do Bom Retiro, onde se fabricava licores, xaropes e vinagres, na rua General Flores. (Siqueira, 2002, p. 38)

No ramo da fabricação e venda de móveis, assim como no de tecidos, se destacavam os judeus: haviam as casas Goldestein, de Jacob Goldestein, e Salomão Tabacow, ambas na rua José Paulino. E ainda salões de barbeiros e casas comerciais, nas ruas José Paulino, da Graça e Barra do Tibagi (Siqueira, 2002, p. 39).

Mas já no início do século xx o bairro do Bom Retiro seria marcado não pela presença de grandes indústrias, e sim daquelas com caráter artesanal (Petrone, 1958). O censo de 1920 revela a presença de 75 fábricas no bairro, e de 252 "casas de negócios" (Siqueira, 2002, p. 39). Tratava-se de pequenas indústrias, muitas instaladas no mesmo espaço ou espaço adjunto à moradia, não raro em telheiros no fundo do quintal, onde trabalhavam membros da própria família ou alguns poucos funcionários, moradores do próprio bairro. Essa seria a característica industrial predominante na cidade na primeira metade do século xx, e marcaria a paisagem dos bairros centrais: a de serem bairros industriais, sem grandes evidências de indústrias

---

7.   O autor identificou a presença dessas fábricas através de jornais – *O Estado de S. Paulo* e *A Gazeta* – dos anos de 1917 e 1921.

no seu território. Petrone (1958, p. 105) destaca como a presença dessas pequenas indústrias influenciaram na composição da paisagem urbana dos bairros operários:

> No que se refere à paisagem urbana, cumpre observar que, em São Paulo, não se formaram áreas tipicamente industriais, exclusivamente ocupadas por fábricas. Sendo o parque industrial paulistano caracterizado pelo predomínio de fábricas de tamanho médio e pequeno, destinadas principalmente à transformação, o que se presencia é a intercalação de estabelecimentos fabris no meio de residências proletárias e, consequentemente, o aparecimento de verdadeiros bairros mistos, industriais e residenciais a um só tempo.

Tabela i.1. Fábricas no Bom Retiro em 1901.

FÁBRICA	FUNDAÇÃO	PRODUTOS	OPERÁRIOS		
			Nac.	Estr.	Total
Fábrica de Tecidos e Fiação Anhaia	1886	Tecidos de algodão branco e de cores	9	301	310
Fábrica de Chinelos de Liga	1898	Chinelos	–	> 90%	600
The Lidgerwood Manufactoring Ltd.	1889	Maquinas de beneficiar café, milho, açúcar, e outros tipos de máquinas	–	–	–
Fábrica de Licores, Xaropes, Vinagres e Estimulantes	1899	–	–	–	–
Reichert & Irmão	–	Caramelos, Conservas de frutas acionais, licores, vinagre, açúcar, águas minerais, sabão	–	quase todos	60
Fábrica de Massas Francisco Regoli	1898	Massas	–	25	25

Fonte: Levantamento de Bandeira Júnior, 1901 *apud* SANTOS, 2000, p. 51.

No Bom Retiro e nos demais bairros operários predominava no início do século a população de origem estrangeira. Entre 1870 e 1890 os portugueses eram maioria no Bom Retiro, e entre 1900 e 1940 os italianos passam a ser o grupo étnico dominante. De fato, o maior contingente de imigrantes italianos para o estado de São Paulo se deu entre os anos de 1887 e 1920 (Tabela 1.2). A maioria dos imigrantes italianos que permaneceu na cidade se estabeleceu nas vizinhanças das fábricas no Brás, Bom Retiro, Mooca e Belenzinho (HALL, 2004, p. 124). Além de italianos, espanhóis e portugueses, o Bom Retiro recebeu também imigrantes de outras origens. No final do século XIX vieram judeus da Alsácia, África e Europa, e entre os anos de 1916 e 1920, judeus da Rússia (então União Soviética), da Polônia e países limítrofes, "incomodados com a expansão do socialismo" e pela pobreza, desemprego e antissemitismo gerados com a Primeira Guerra Mundial (MIZRAHI, 2005, p. 37).

Tabela 1.2. Entrada de imigrantes 1887 a 1934 no estado de São Paulo.

PERÍODOS	ITALIANOS	PORTUGUESES	ESPANHÓIS	JAPONESES	OUTROS	TOTAL
Até 1886	20.968	13.353	1.347	–	17.436	53.104
1887-1900	564.800	72.825	93.777	–	178.015	909.417
1901-1920	278.807	201.426	229.362	28.903	85.144	823.642
1921-1934	75.925	118.483	61.323	132.725	195.866	584.322

Fonte: Reconstituição da Memória Estatística da Grande São Paulo, 2 vols., São Paulo, EMPLASA, 1980-1983, p. 128.

Os primeiros imigrantes que se instalaram no Bom Retiro trabalhavam nas indústrias, ou tinham pequenos estabelecimentos comerciais e oficinas. Mas o parque industrial de São Paulo, embora crescesse consideravelmente já nas primeiras décadas do século, chegando a ultrapassar em produção a capital federal na década de 1920 (SINGER, 1977) não era capaz de absorver todos os trabalhadores e os imigrantes que chegavam à cidade. Os postos de trabalho no comércio e serviço também eram insuficientes. Mesmo os trabalhadores empregados nas indústrias não tinham estabilidade e estavam sujeitos a grande rotatividade da mão-de-obra.

Por um lado, essa incapacidade da economia paulistana em absorver a massa imigratória gerava o comércio ambulante, o que fez com que fosse muito comum o comércio de mascates na cidade. No Bom Retiro, vários imigrantes recém-chegados sobreviviam da venda porta a porta, predominantemente os italianos e os judeus (DERTÔNIO, 1971). Alguns imigrantes judeus afirmaram, em depoimentos, que esta era uma forma comum de se sobreviver na cidade, antes que se estabelecessem:

> Naquela época a maioria dos judeus tinha umas lojinhas de móveis de madeira, de móveis feitos. Outros tinham camas de ferro. Meu pai tinha móveis, depois ele tinha camas de ferro. E o que meu pai ajudou muito o pessoal que chegava aqui, era que ele arranjava coleções de gravatas para eles irem vender nas portas, e assim muita gente ali fez a vida vendendo gravatas que meu pai dava para eles venderem.[8]
>
> (…) comecei a trabalhar na rua vendendo meias e juntando dinheiro para mandar pra minha mãe que ficou na Turquia com meu irmão. (…) Eu trabalhava nas feiras escondido porque naquele tempo os fiscais não davam licença pra parar lá na feira. A gente botava um pano no chão, botava a mercadoria, quando vinha o rapa então a gente… (batida de palmas).[9]

Por outro lado, o considerável número de estrangeiros que não foi absorvido pela monocultura de exportação, ou que foi expulso da agricultura em consequência das crises e depressões do setor cafeeiro, estabeleceu-se com pequenos negócios próprios ou vivia do trabalho temporário na capital (PINTO, 1994, p. 111). Segundo a autora, o pequeno artesanato autônomo gerou "uma enorme profusão de

---

8. Depoimento de Elisa Tabacow Kauffmann. Trecho de entrevista realizada em 1 de julho de 1996. Os pais da depoente imigraram para o Brasil no início do século XX. (FREIDENSON; BECKER, 2003, p. 68)

9. Depoimento de Abraham Alberto Hanna. Trecho da entrevista realizada em 19 de junho de 1996. (FREIDENSON; BECKER, 2003, p. 116)

minúsculas oficinas caseiras, pequenas empresas familiares, em geral, pouco lucrativas, localizadas em prédios malcuidados, pobres, no fundo do quintal ou de algum cômodo da casa de seu proprietário".

Outros estudos (MORSE, 1970; DEAN, 1971; PETRONE, 1958) colocam que, além dos imigrantes provenientes da classe média, que já vinham com alguns recursos para o Brasil e aqui instalavam pequenas fábricas ou oficinas quando chegavam, foi comum a trajetória de imigrantes que inicialmente se dedicaram ao comércio de mascates, formaram pequenas economias e com ela montaram um estabelecimento comercial ou uma pequena indústria. Essa trajetória aparece no depoimento de alguns imigrantes judeus:

> Bom, eu fiquei vendendo na rua um certo tempo e depois eu abri uma sorveteria lá na antiga rua Anhangabaú, era uma frutaria e sorveteria. Eu tinha alugado um armazém do Mosteiro de São Bento com aluguel muito barato.[10]
>
> Meu pai tinha um negócio. Ele estava vendendo tudo que é produto de papelaria e papel para pequenas papelarias, livrarias e escolas de todo o interior de São Paulo, até Mato Grosso. (…) estava com um sócio, um português (…) Mas o sistema de negócios deles era uma coisa muito pequena, não dava para crescer. Então eu comecei a trabalhar sozinho por minha conta. (…) me perguntavam onde era o meu depósito, e eu dizia que era embaixo da minha cama! Mas depois, como embaixo da minha cama não cabia mais e tinha aquelas casas antigas que tinham um porão embaixo, então formei um depósito grande – lá já podia ter muito papel. E assim daqui a pouco o porão estava muito pequeno, e além

---

10. Depoimento de Abraham Alberto Hanna. Trecho da entrevista realizada em 19 de junho de 1996. (FREIDENSON; BECKER, 2003, p. 116)

disso eu queria vender a varejo, aí eu aluguei uma casinha
com duas portas na rua Rangel Pestana, lá no Brás.[11]

Hall (2004, p. 133) ao referir-se a essa trajetória de imigrantes portugueses, afirma que costumavam especializar-se no setor de gêneros alimentícios, "pequenos e médios estabelecimentos comerciais (...) abertos dentro da própria casa, como pequenos armazéns de secos e molhados, açougues, adegas, quitandas de frutas e legumes, vendas e botequins". No Bom Retiro, as mercearias de portugueses predominaram na rua José Paulino, embora com o tempo fossem dando lugar aos estabelecimentos de judeus (DERTÔNIO, 1971).

Muitos imigrantes, italianos principalmente, trabalhavam em São Paulo exercendo ofícios relacionados à construção, como pedreiros, vidraceiros, marceneiros, estucadores, ferreiros. No Bom Retiro, além desses ofícios, a presença de ligas e associações de trabalhadores instaladas ou com atuação no bairro revelam a presença de trabalhadores dos ramos de tecidos, marcenaria, gráficas, indústrias de calçados e chapéus. Segundo Siqueira (2002, p. 51-52), instalaram-se no bairro a Liga Operária do Bom Retiro, em 1917 – que em 1920 se dissolveu e seus associados passaram a fazer parte da Liga Operária da Construção Civil, instalada na rua Florêncio de Abreu; a União Geral dos Ferroviários, também de 1917; uma sucursal da União dos Operários em Fábricas de Tecidos, que estava atuando em 1919, e a Liga Internacional dos Marceneiros, em 1917. Outras associações sindicais, apesar de instaladas fora do bairro, atuavam no Bom Retiro, realizando reuniões no bairro. A União dos Artífices em Calçados, estabelecida à rua Florêncio de Abreu 45 é uma delas, que atuou entre os anos de 1923 e 1924. Outras a realizarem reuniões no Bom Retiro foram: União dos Trabalhadores Gráficos, União dos Trabalhadores em Construção Civil, União dos Trabalhadores em Fábricas de Tecido, União dos Chapeleiros e outras. Muitas dessas reuniões se realizavam na sede do Grêmio Dramático e Musical Luso-Brasileiro, à rua da Graça, 144 e posteriormente à rua José Paulino (SIQUEIRA, 2002, p. 71).

---

11. Depoimento de Leon Feffer. Trecho da entrevista realizada em 4 de dezembro de 1993. (FREIDENSON; BECKER, 2003, p. 141-142)

Além dos sindicatos, o Bom Retiro contava com a presença de associações recreativas e beneficentes nas primeiras décadas do século. Em 1910, na rua dos Imigrantes (atual rua José Paulino), foi fundado por operários do bairro o Sport Club Corinthians Paulista, que teve como primeiro presidente o alfaiate Miguel Bataglia. Entre 1915 e 1924 foram identificadas no bairro 54 sociedades de caráter recreativo, esportivo, sindical, musical, teatral, beneficente e educativo (SIQUEIRA, 2002, p. 50). Segundo Siqueira, o nome ou o estatuto de algumas delas revelavam, por um lado, seu caráter étnico e, por outro, a presença de determinadas etnias no bairro: Gênova Club, Cittá di Napoli, GDR Ernete Novelli revelavam a presença de italianos; o Grêmio Dramático Musical Luso-Brasileiro a de portugueses; o Centro Independente do Bom Retiro era noticiado como um "clube de dança edificado por homens de cor", e a Sociedade Israelita Amigo dos Pobres, a EZRA, que além do nome tinha a diretoria toda composta por judeus.

Dos anos de 1910 a 1930, são inauguradas no bairro diversas associações lideradas por judeus e várias sinagogas. A primeira sinagoga fundada no bairro foi a Comunidade Israelita de São Paulo (Kahalat Israel), na rua da Graça, em 1912. Desentendimentos entre membros dessa comunidade levaram à fundação de uma segunda sinagoga, o Centro Israelita Paulista (Knesset Israel), na rua Newton Prado em 1916. Posteriormente vieram: sinagoga B'nei Akiva, na rua Guarani; sinagoga Israelita Brasileira Beith Iztchok Elchonon, na rua Prates; a Sociedade Religiosa Beith Haknesset Adat Ischurun, na rua Prates; a sinagoga Adas Yereim na rua Talmud Torá (antiga rua Tocantins); a sinagoga Machzikei Adat, na rua Joaquim Murtinho, e a Congregação Israelita Ortodoxa Kehak Chassidim, na rua Mamoré. (POVOA, 2007, p. 185-186). Além das sinagogas e das casas de produtos Kosher, foi criada no bairro a Sociedade Cooperativa de Crédito Popular do Bom Retiro, em 1928, por judeus, que funcionou como uma Caixa de Empréstimos aos imigrantes, que ajudava os recém chegados a se estabelecerem no bairro, tanto por empréstimos com condições favoráveis, quanto por colocação no mercado de trabalho e campanhas de ajuda aos necessitados (MACEDO, 2005).

A presença dessas instituições de auxílio e de uma comunidade judaica fortemente estruturada no bairro atraiu as levas de imigrantes judeus das décadas seguintes, que terão participação significativa nas transformações físicas do bairro.

Na fase de estruturação do bairro, as características que se estabelecem passam a ser um traço de permanência ao longo do tempo, mesmo com as transformações no conjunto edificado e na estrutura fundiária que se processam a partir da década de 1930. Essas características são: a presença de indústrias de pequeno porte, a associação dessas indústrias ao espaço da moradia, a proximidade moradia-trabalho, e o predomínio da forma aluguel. No processo de metropolização de São Paulo ocorrido sobretudo a partir dos anos de 1930, essas dinâmicas, até então predominantes na cidade, se transformam e se perdem como processo de reprodução social e econômica, exceto nesses bairros centrais.

3. O Bom Retiro no contexto da metropolização: o bairro das indústrias e comércio de confecções

Para a cidade de São Paulo, os anos de 1930 são marcados pelo início do seu processo de metropolização. Transformações sócioeconômicas, como a intensificação do processo de industrialização e o crescimento populacional, concorrem para a conformação da grande metrópole, repercutindo em transformações físicas e estruturais. A área urbanizada da cidade se expande; novos bairros surgem ao longo de antigos caminhos; pequenos povoados aos arredores da cidade se desenvolvem e são absorvidos por São Paulo. Os bairros próximos ao centro, configurando áreas já consolidadas da cidade, se adensam e se compactam, através da ocupação de loteamentos encravados em seu interior, da intensificação da taxa de ocupação dos lotes e da verticalização (LANGENBUCH, 1971).

No processo de expansão urbana, a rede ferroviária, que havia sido a responsável pela estruturação de alguns bairros centrais, continuou a ser fator indutor da urbanização, através da ocupação de suas faixas lindeiras e da polarização dos subúrbios-estação, focos de estruturação e expansão urbana. O processo teria sido complementado pela circulação rodoviária, e pela expansão da área edificada sobre espaços suburbanos anteriormente não adensados (LANGENBUCH, 1971).

A execução de obras viárias de vulto, realizadas a partir do final da década de 1930, teve importante papel para as mudanças em São Paulo e em algumas áreas próximas ao centro. Destacam-se as obras do Plano de Avenidas de Prestes Maia, que reestruturaram o sistema viário e são colocadas como importante fator para a intensificação da verticalização no centro e em bairros vizinhos. O processo de verticalização, iniciado na segunda metade do século XX e que até 1939 concentrou-se na área central da cidade, para usos comerciais, teria novos rumos após as transformações viárias. Nos anos seguintes, ele extrapola a área central, e passa a ser predominantemente residencial. (SOMEKH, 1987)

Importantes mudanças na centralidade também se observam no período. Na década de 1940 a concentração do comércio e serviços voltados para a elite já se apresentava deslocada para as áreas do então "Centro novo", no além-Anhangabaú, e o "Centro velho" se volta às camadas populares. Nas décadas seguintes, o centro de São Paulo se consolida como "centro deselitizado" e assume a característica de centro metropolitano, atendendo comercialmente toda a região metropolitana de São Paulo e outras regiões do estado e do país (FELDMAN, 2003). Este "centro" compreende, nesse momento, o "centro propriamente dito", as áreas periféricas ao centro – zonas mistas imediatamente vizinhas ao centro, mas com equilíbrio entre as funções residenciais e as típicas do centro – e a zona de transição, caracterizada como predominantemente residencial mas com várias características do Centro (MÜLLER, 1958, p. 126).

Nesse contexto de mudanças no conjunto da cidade e na área central, os bairros centrais também passam por transformações. Um importante testemunho das mudanças que ocorrem no período é a pesquisa publicada em 1958, desenvolvida por um grupo de geógrafos da Associação dos Geógrafos Brasileiros e coordenada por Aroldo de Azevedo, intitulada "A cidade de São Paulo – estudos de geografia urbana". O estudo, que engloba diversos aspectos da cidade nesse período, ao tratar dos bairros que definimos como bairros centrais aponta múltiplos processos. A verticalização é ressaltada principalmente para os bairros do Bom Retiro, Santa Ifigênia e Bela Vista. Observa-se, pelas descrições, que parte do processo de verticalização era consequência de mudanças na estrutura viária da cidade, através de investimentos públicos realizados no âmbito do Plano de Avenidas, que atingiam diretamente vários bairros centrais. Assim, no bairro de Bela Vista a abertura da Avenida Nove de Julho é colocada como elemento dinamizador das mudanças:

> A construção da Avenida Nove de Julho (…) veio abrir perspectivas novas para o bairro e contribuir para essa substancial modificação de paisagem urbana (…). Uma sucessão de arranha-céus já começa a ocupar o lugar de velhos terrenos baldios e de antigos fundos de quintais. (MENDES, 1958, p. 280).

Em estudos mais recentes, destaca-se uma mudança na tipologia dos edifícios construídos nesses bairros no período em estudo: ao contrário dos primeiros edifícios construídos no centro, com uso predominante de escritórios, os dos bairros centrais passam a ter função habitacional (SOMEKH, 1987), apresentando, além disso, uma tipologia até então pouco usual na cidade de São Paulo, a do quarto-sala ou kitnetes (ROSSETTO, 2002). No Bom Retiro, paralelamente à verticalização, a obra de retificação da calha do Tietê é apontada como elemento que provoca a expansão do bairro através da ocupação das áreas de várzea, acarretando uma mudança significativa na estrutura fundiária:

> (no Bom Retiro) Predomina o casarão velho e modesto, em geral datando dos fins do século XIX e do início do atual. Mas há dois aspectos dignos de referência: em primeiro lugar, a penetração dos 'arranha-céus' residenciais, sobretudo na Rua Prates e vizinhanças; em segundo lugar, a recente conquista da várzea pelo bairro, através dos prolongamentos de muitas de suas ruas e a ligação com a várzea da Barra Funda, no trecho servido pela Avenida Rudge. (MENDES, 1958, p. 204-205).

Estas diferentes dinâmicas de valorização/desvalorização levam ao surgimento de diferenças internas nos bairros centrais. No caso do Bom Retiro:

> Daí (dos prolongamentos de ruas e ligação com a várzea da Barra Funda) vem resultando uma certa separação entre as duas porções do bairro – a que se localiza nas colinas (com suas fábricas, oficinas, casas de comércio, população israelita) e a que se expande pela várzea do

Tietê (com população de nível de vida bem mais modesto). (MENDES, 1958, p. 204-205).

Essas transformações, no entanto, não ocorrem de maneira homogênea para todos os bairros centrais. As obras viárias provocam diferentes situações, e as mudanças socioeconômicas que se processam nesse momento em São Paulo refletem em diferentes configurações físicas no interior dos bairros.

Em 1930, o Bom Retiro já apresentava três áreas mais ou menos distintas, passíveis de identificação pelo mapa cadastral desse ano: a primeira já bastante adensada, próxima ao centro, delimitada pela via férrea, pela Avenida Tiradentes, e pelas ruas Sólon, Newton Prado, Guarani, Joaquim Murtinho e rua dos Bandeirantes; a segunda, correspondente ao restante da área edificada do bairro, mais próxima da várzea, bem menos edificada que a primeira, ainda com vários lotes sem edificação e até quadras inteiras ainda não parceladas, delimitada pela Avenida Rudge e ruas Sólon, Newton Prado e Sérgio Thomaz; e a terceira área, à margem esquerda do rio Tietê e nas margens do Tamanduateí, quase totalmente desprovida de urbanização, ocupada pelo "Club Regatas Tietê", pela "Limpeza Pública" e por algumas edificações. Ao longo do trabalho, estamos nos referindo a essas três áreas respectivamente como "área mais próxima do centro", "área mais próxima da várzea" e "área da várzea". (Mapa 7)

As transformações que ocorrem no período de estudo – 1930 a 1954, por um lado, amenizam as diferenças de intensidade de ocupação existente entre essas três áreas, de maneira que no mapa de 1954 as duas áreas antes já urbanizadas praticamente se igualam em termos de ocupação do lote, e a área da várzea é drenada, urbanizada e edificada – através da retificação do rio Tietê, do prolongamento das vias existentes em direção ao rio e abertura de novas vias perpendiculares e da ocupação principalmente por vilas residenciais. Por outro lado, as diferenças entre essas áreas se intensificam no período, se considerarmos não mais a ocupação dos lotes, mas sim os usos predominantes, a população residente, os proprietários, os diferentes graus de valorização dessas áreas e a espacialização da verticalização no bairro. Essas diferenças internas se contrapõem à homogeneidade com que o bairro foi caracterizado por Dertônio (1971, p. 53-54), que a associou à espacialização dos imigrantes de diferentes origens no bairro:

O Bom Retiro sempre foi um bairro homogêneo. O tipo português de longos bigodes, pesado e bonachão, que se encontrava numa rua podia também ser encontrado em outras. O italiano, de falar característico e de grandes gestos que assim se manifestava na Rua dos Italianos, tinha outros iguais na Rua Guarani ou na Rua Prates. O garrafeiro ou carvoeiro cantante da Rua Três Rios percorria todo o bairro com os mesmos cantos e em todo êle era entendido do mesmo modo. O ´turco da prestação` ou o ´russo da prestação` era conhecido em tôdas as casas. O israelita, que veio depois, se espalhou por igual pela Rua José Paulino como pela Rua da Graça ou pela Barra do Tibagi ou outra qualquer.

Mapa 7. "Setores" do Bom Retiro segundo intensidade de ocupação.

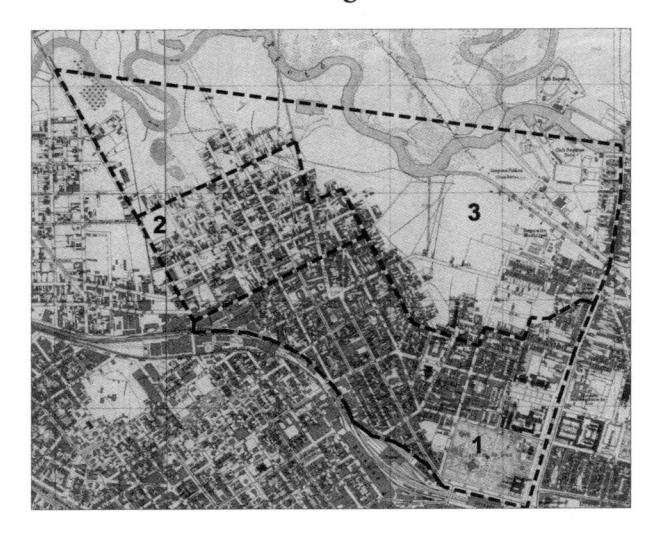

1. Área "mais próxima do centro".
2. Área "mais próxima da várzea".
3. Área da várzea urbanizada após a retificação do rio Tietê.

Base: Mapa SARA BRASIL, 1930

A expansão do Bom Retiro para a várzea foi induzida pela obra de retificação do rio Tietê, incorporada ao Plano de Avenidas de Prestes Maia, uma vez que drenou e tornou edificável uma importante extensão de terras no bairro antes não urbanizadas. Outra obra, dentro desse Plano, que atingiu o Bom Retiro – o alargamento da Avenida Tiradentes e abertura da Avenida Santos Dumont, que se tornou o principal eixo de ligação com a zona norte da cidade – provocou uma série de demolições, que foram sucedidas de desmembramentos de lotes e novas edificações que, no entanto, não tiveram gabaritos alterados.

As transformações na área edificada consolidada do bairro ocorrem em função da influência da área central sobre os arredores, através da valorização dos imóveis e da incorporação de funções tipicamente centrais à área do bairro mais próxima do centro. O Bom Retiro é um bairro que se forma como uma extensão do centro; nele estão incorporados, desde sua origem, instituições e instalações de importância extra-local, de lazer, educacional, órgãos públicos etc., além do comércio varejista. Nas primeiras décadas do século xx, o bairro começa a se esboçar como um centro de comércio especializado ligado à produção industrial, no ramo das confecções de roupas. Esse comércio

> se estrutura em função da nova modalidade de vendas introduzida nesse momento no Brasil – a venda da fábrica diretamente ao consumidor. Nessa combinação o fabricante era também comerciante e a oficina era dependência da loja. Ou vice-versa. (Maleronka, 2007, p. 44 citado por FELDMAN, 2008, p. 9).

Toda uma cadeia de produção e comercialização da indústria de roupas feitas se estrutura nesse momento no bairro, a partir da base material aí existente, adequada principalmente através da reforma das edificações existentes. Esse momento coincide com a instalação de imigrantes judeus no bairro, que adquirem imóveis no bairro nas décadas de 1920 e 1930. Entre 1928 e 1945, são instaladas no bairro 310 indústrias no ramo de confecções, com mais de 90% pertencentes a judeus (FELDMAN, 2008, p. 11).

Tanto as transformações da área urbanizada quanto a expansão do bairro para a várzea tiveram especificidades que as fontes documentais pesquisadas permitiram identificar. Como responsáveis diretos por essas transformações, também foram identificados proprietários e profissionais que atuaram no bairro no período.

II – 1930 a 1954: Construindo sobre o construído no Bom Retiro

1. Valorização e compactação dos bairros adjacentes ao centro

A COMPARAÇÃO DOS MAPAS cadastrais da cidade de São Paulo, datados de 1930 e 1954, tem como um dos mais surpreendentes resultados a constatação da elevada quantidade de lotes que passaram por algum processo de transformação (Mapas 8 e 9). Praticamente todas as edificações do bairro passaram por alguma mudança, seja por demolição seguida de nova edificação, seja por ampliação da edificação existente. Esse adensamento construtivo deu-se de maneira extensiva por todo o bairro, e ocorreu tanto nos terrenos particulares quanto nos ocupados por edifícios públicos. A área edificada do Bom Retiro, que já era relativamente compacta no mapa de 1930, se amplia em 1954, com a ocupação de grande parte dos lotes que permaneciam parcial ou totalmente não edificados.

Vários estudos sobre São Paulo apontam que o processo denominado compactação (LANGENBUCH, 1971; MORSE, 1970; MÜLLER, 1958) ocorreu na área central de São Paulo e adjacências, tendo se iniciado no início do século e se intensificado na década de 1940.

Para Petrone (1958, p. 122), o processo de compactação da área edificada da cidade começa a ocorrer já no primeiro quartel do século XX: "A expansão da cidade não se fêz, apenas, pelo aumento de seu perímetro: adensou-se o casario nas áreas já anteriormente ocupadas e, sobretudo, foram preenchidos os claros até então existentes no interior da cidade".

Mapa 8. Demolições, aumentos e reformas e rearranjos fundiários no Bom Retiro, entre 1930 e 1954.

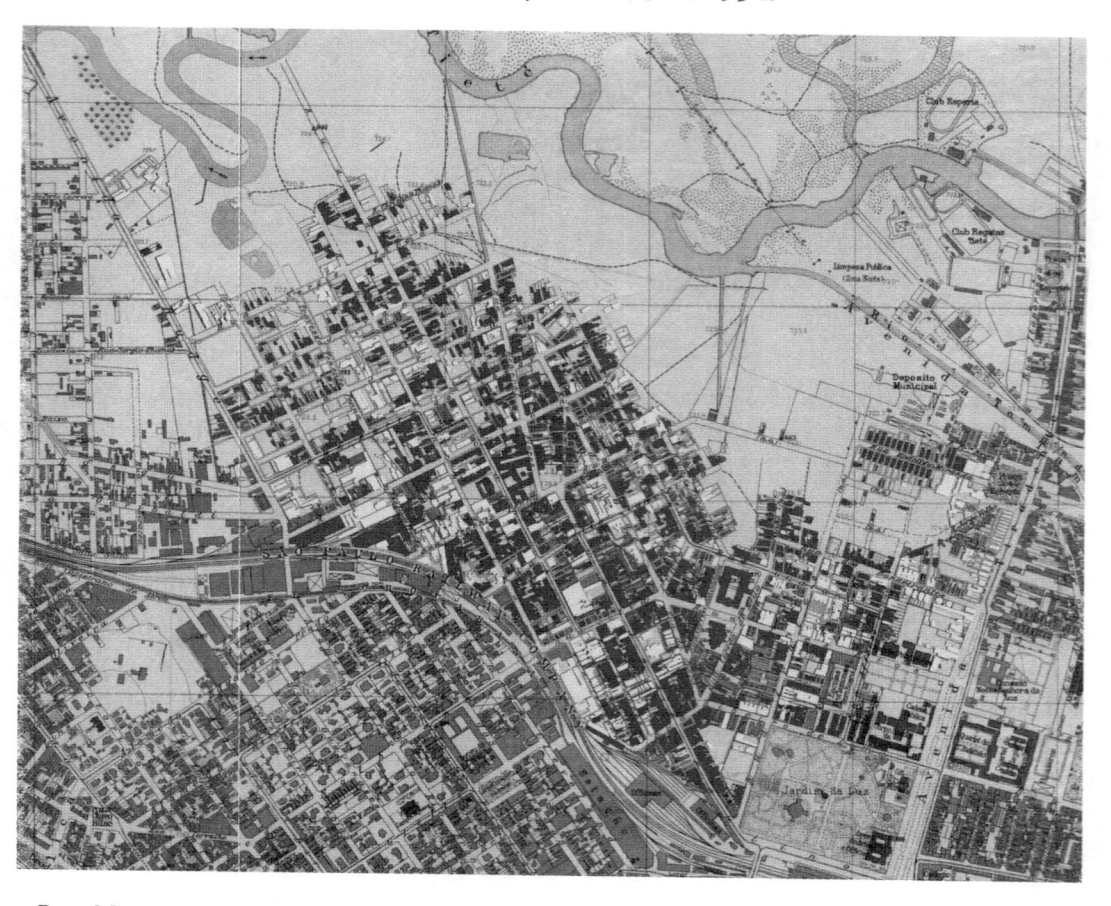

Base: Mapa SARA BRASIL. Fontes: Mapas SARA BRASIL, 1930 e VASP CRUZEIRO, 1954

(Ver mapa colorido na p. 230)

Mapa 9. Abertura de vias e novas edificações no Bom Retiro, entre 1930 e 1954.

Base: Mapa VASP CRUZEIRO. Fontes: mapas SARA BRASIL, 1930 e VASP CRUZEIRO, 1954

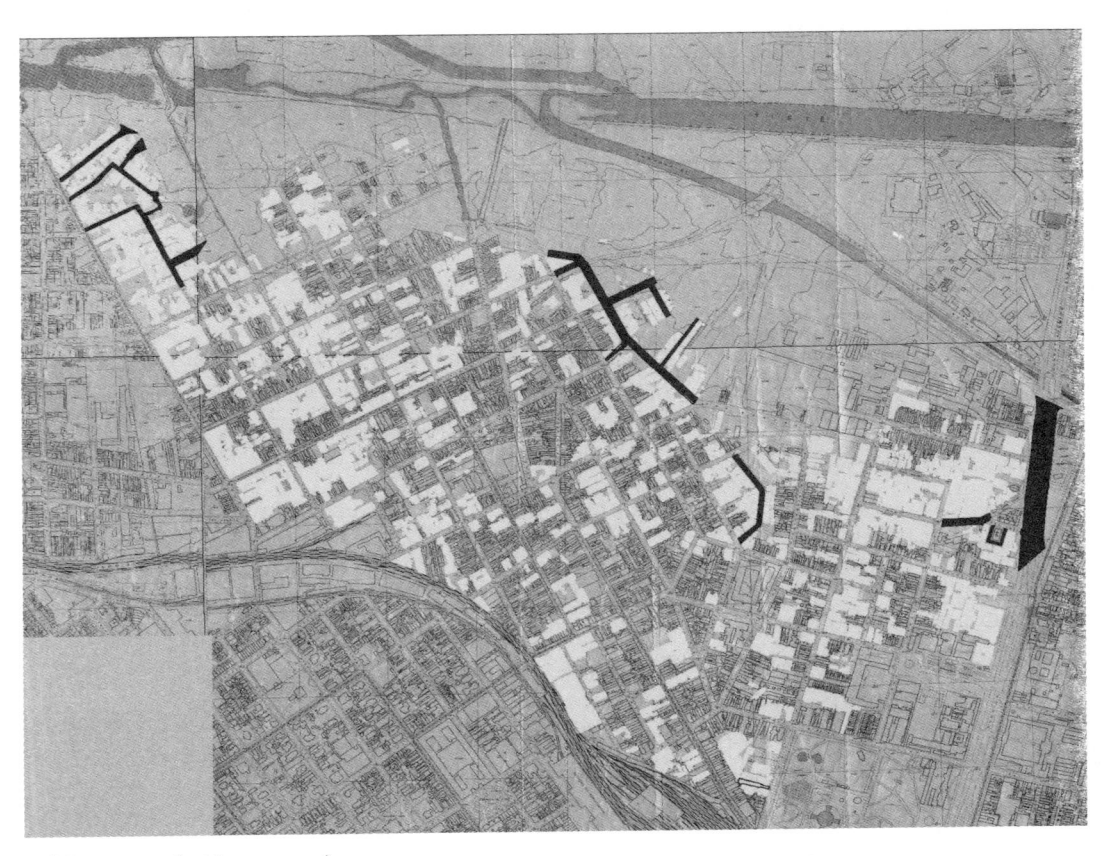

(Ver mapa colorido na p. 231)

Langenbuch (1971) aponta que, embora já iniciado anteriormente, esse processo foi característico do período que se iniciou em 1940, denominado de "grande metropolização recente".[1] Para o mesmo período, o autor destaca os processos de expansão da área edificada tanto sobre os arredores que ainda não haviam passado por um processo de desenvolvimento suburbano expressivo, como sobre porções significativamente suburbanizadas, que resultaram na absorção territorial de numerosos núcleos suburbanos.

O centro e os bairros dele próximos, como Santa Ifigênia, Campos Elíseos, Santa Cecília, Vila Buarque, Higienópolis, Consolação, Vila América, Paraíso, Liberdade e Aclimação, e em menor escala Vila Mariana, Cambuci e Brás, tiveram, segundo Langenbuch, acentuado crescimento vertical. Bairros como Jardim Europa, Sumaré e Vila Clementino, que apresentavam baixa densidade de edificações, tiveram uma ocupação mais efetiva, através da edificação de terrenos baldios. Outros bairros, que apresentavam loteamentos desprovidos de edificações, foram edificados, como o Parque da Mooca e Planalto Paulista.

Segundo Langenbuch (1971, p. 179), a compactação da área edificada da cidade no seu domínio propriamente urbano, se deu: 1) pelo crescimento vertical do centro e bairros próximos, 2) pelo aumento da densidade de ocupação de alguns desses bairros, através do desaparecimento de terrenos baldios encravados nos mesmos, e 3) pela intensa edificação de loteamentos compreendidos na área já urbanizada, mas antes não totalmente edificados.

Os estudos referentes às décadas de 1930 a 1950 mostram que vários fatores permitem uma explicação para o processo de compactação ocorrido.

Em primeiro lugar, as transformações das áreas já consolidadas da cidade, assim como o crescimento da periferia, ocorrem no contexto de um processo de boom imobiliário que caracterizou o crescimento de várias cidades brasileiras a partir de meados da década de 1930. Segundo Melo (1992), ocorreu entre 1935 e 1947 um processo de transformações estruturais na forma de provisão da habitação, associadas à conjuntura de guerra e à emergência de novos circuitos financeiros na produção do espaço construído. Os investimentos no mercado imobiliário passaram a se constituir, segundo o autor,

---

1.   Langenbuh (1971) classifica o período de 1915 a 1940 como o "início da metropolização" de São Paulo, e o período pós 1940 como de "grande metropolização recente".

como locus privilegiado do capital, possibilitado pela reorganização dos empréstimos ao crédito imobiliário das Caixas Econômicas, pelos financiamentos às incorporações dos Institutos de Aposentadorias e Pensões e pela atuação de organizações privadas, como companhias de seguros e bancos especializados em créditos hipotecários.

Nesse período se iniciava no país, segundo Oliveira (1971, p. 10), o processo de "predominância da estrutura produtiva de base urbano-industrial", que tinha São Paulo como seu maior expoente. A concentração de indústrias atraía grandes levas da população rural para as capitais, provocando o crescimento demográfico e aumentando o déficit habitacional existente. A mudança na forma de provisão da habitação, em conjunto com o crescimento demográfico das capitais, geraram um quadro de crise habitacional nas grandes cidades a partir de 1940.

A mobilização do capital no mercado imobiliário era relativamente prejudicial para o desenvolvimento industrial e, na tentativa de redirecionar para a indústria os investimentos e ao mesmo tempo conter a crise habitacional o governo promulgou a Lei do Inquilinato em 1942, congelando os aluguéis. No entanto, essa Lei contribuiu para o agravamento da crise de habitação que várias cidades enfrentavam, pois os investimentos em novas construções passaram a se dar em prédios para a venda, tornando ainda mais escasso o número de prédios destinados à locação habitacional (BONDUKI, 1998, p. 209).

Em São Paulo, os investimentos imobiliários se concentraram na incorporação de edifícios de apartamentos comerciais e residenciais para venda, destinada a investidores ou setores de renda mais alta. Nas periferias, essas facilidades na obtenção de créditos imobiliários repercutiram na venda de lotes e de conjuntos habitacionais para as classes mais populares, que compravam os terrenos ou casas a prestações, a preços bem mais baixos por estarem muitas vezes em áreas de urbanização precária, e gerenciavam a construção da própria casa (LANGENBUCH, 1971; BONDUKI, 1998).

Em parte, a valorização dos imóveis decorrente do boom imobiliário provocou uma especulação imobiliária tanto nas áreas centrais quanto nas periferias em formação. Nos bairros centrais, o boom imobiliário e a Lei do Inquilinato provocaram especulação e também falta de conservação, deixando marcas na paisagem, como descreve Mendes (1958, p. 200-201):

> Mas essa febre de renovação e de reconstrução possui seu lado negativo: explica a presença de edifícios pobres e acanhados, sem nenhum sinal de reparo e conservação, cujos

> proprietários aguardam melhor oportunidade para vendê-los, embora em outros casos o fato se justifique por estarem alugados, com aluguéis congelados por fôrça de lei, o que impossibilita qualquer reforma ou melhoria.

No caso das áreas centrais de São Paulo, as obras viárias do Plano de Avenidas, iniciadas em 1938 durante a gestão de Prestes Maia, favoreceram os investimentos no mercado imobiliário. Esse plano, baseado na expansão e desafogamento do tráfego da área central, com o alargamento de vias e abertura de outras, ligando a área central aos bairros mais distantes, provocou inúmeras desapropriações, demolições, e a valorização dos terrenos (BONDUKI, 1998; SOMEKH, 1987, SOUZA, 1994; ROLNIK, 1997; LEME, 1992). A valorização dos imóveis influenciou na verticalização dessas áreas. Mais que uma consequência, a verticalização foi, segundo Somekh (1987, p. 16) uma premissa do próprio Plano de Avenidas para alguns eixos da cidade, através do estabelecimento de limites mínimos de altura e penalidades, com aumentos tributáveis, aos que não se enquadrassem às exigências.

As avenidas alargadas e as novas avenidas propiciaram uma nova paisagem, constituída por edifícios altos de arquitetura moderna,[2] como por exemplo na avenida Nove de Julho que, segundo Mendes (1958, p. 280) "veio abrir perspectivas novas para o bairro e contribuir com uma substancial modificação de paisagem urbana", através da ocupação "de velhos terrenos baldios e de antigos fundos de quintais".

Outro processo, que também teve influência na valorização dos imóveis dos bairros centrais, foi a expansão das atividades do centro para as áreas adjacentes. Segundo Müller (1958, p. 177-178), os bairros adjacentes ao centro configuraram uma zona de transição caracterizada pela presença da função residencial e ao mesmo tempo de funções mais específicas do centro, como o comércio varejista e atacadista, pequenas lojas, oficinas, indústrias e pensões. Esse processo, segundo a autora, provocou a valorização dos imóveis, pois, "à medida que se vai processando a expansão da área central, determinados tipos de ocupação, em sucessivos recuos, refugiam-se em zonas que lhe estão próximas, na impossibilidade de poderem enfrentar os altos preços dos aluguéis". Müller aponta diversas maneiras pelas

---

2.   Um exemplo de estudo aprofundado sobre esse processo é o de Bosetti (2002) para a Avenida Nove de Julho.

quais a valorização dos imóveis interferiu na paisagem desses bairros: pela verticalização, pelo maior aproveitamento dos terrenos, através da abertura de "ruas internas, ruelas e becos", e pelo aspecto de deterioro material, uma vez que muitos imóveis passavam longos períodos sem manutenção e melhorias, até atingirem o arruinamento para então serem demolidos e substituídos. Além disso, Müller aponta também a alta densidade demográfica desses bairros como consequente da valorização dos imóveis e elevação dos aluguéis, que fizeram proliferar as casas de cômodos, pensões e hotéis modestos. Como mostra a tabela II.1. os bairros centrais detinham, no ano de 1940, densidades populacionais muito superiores a da maioria dos demais subdistritos da cidade de São Paulo, cuja densidade era inferior a 2.000 hab/km² (FELDMAN, 1989, p. 58).

Tabela II.1. População, área e densidade populacional dos subdistritos centrais de São Paulo em 1940.

Subdistrito	População	Área (km²)	Densidade (hab/km²)
Bela Vista	47.440	2,6	18.246
Brás	80.914	3,9	20.747
Liberdade	43.795	2,6	16.844
Sta. Ifigênia	41.555	2,5	16.622
Cerqueira César	23.324	1,8	12.957
Sta. Cecília	36.542	2,7	13.534
Cambuci	37.841	3,7	10.227
Mooca	50.953	3,9	13.064
Barra Funda	28.524	2,5	11.409
Belenzinho	61.749	5,4	11.435
Bom Retiro	27.617	2,4	11.507
Sé	10.331	1,1	9.391
Consolação	32.858	3,8	8.646
Total São Paulo	1.337.644	–	–

Fonte: Feldman, 1989, p. 59.

A maioria dos bairros da "zona de transição", apesar de manterem altas densidades populacionais, tiveram, entre as décadas de 1920 e 1940 um ligeiro decréscimo na população, fato que se justifica pela presença cada vez mais crescente das funções típicas do centro, como comércio atacadista e varejista, serviços e, no caso dos bairros industriais como o Bom Retiro, Brás, Mooca e Pari, pequenas indústrias e oficinas. No Bom Retiro, a população diminuiu ligeiramente entre os anos de 1920 e 1940 (cerca de 7%), na década de 1940 sofreu uma queda mais significativa (mais de 16%) e, de 1950 a 1960 passa por um incremento de 13%, conforme mostra a tabela II.2.

Tabela II.2. População do Bom Retiro e de São Paulo de 1920 a 1960.

Ano	Bom Retiro	São Paulo (município)
1920	29.804	579.033
1934	28.449	1.060.120
1940	27.617	1.326.261
1950	23.043	2.198.096
1960	26.494	3.602.004

Fonte: Feldman, 1989, p. 56 e 103.

Por se tornarem bairros de transição entre o centro e os bairros residenciais, as mudanças das funções predominantes ocorridas em todos os bairros adjacentes ao centro foram, segundo Mendes (1958), acompanhadas pela substituição da população predominante: tanto de classe mais abastada para classe mais humilde, como em Santa Ifigênia, Consolação e Campos Elíseos, quanto o contrário, o "recuo dos menos favorecidos em favor da classe média", como na Bela Vista e Vila Buarque.

O estudo elaborado pela SAGMACS em 1957 revelou que os bairros centrais, com exceção da Barra Funda e Santa Ifigênia, eram habitados pelas "classes médias inferiores, classes populares urbanas e classes médias superiores, com predominância da primeira categoria". A Barra Funda e Santa Ifigênia eram bairros compostos por classes médias inferiores e classe populares urbanas, com predomínio desta última. As classes, no estudo da SAGMACS, eram assim classificadas:

> – Classes médias inferiores: pequenos industriais, artesões (sic) importantes, comerciantes médios, funcionários e empregados médios.

> — Classes populares urbanas: pequenos artesões (sic), pequenos comerciantes, empregados e funcionários, operários qualificados e trabalhadores braçais.
>
> — Classes médias superiores: proprietários rurais, industriais e comerciantes, profissionais liberais, funcionários e empregados de alto nível (SAGMACS, 1958, p. II-79).

No que se refere à habitação predominante, o mesmo estudo mostrou que na maioria dos bairros centrais, o tipo de habitação predominante era de "casa média a luxo", correspondendo a tipologias com "área superior a 60m² e todos os equipamentos". Na Barra Funda e Bela Vista, o tipo dominante de habitação foi o "apartamento confortável, possuindo todos os equipamentos em cada apartamento", e em Santa Ifigênia predominou a "habitação coletiva regular" (SAGMACS, 1958, p. II-84).

No entanto, na análise dos aspectos relativos à construção e à ocupação das habitações nos bairros centrais o estudo da SAGMACS revela a presença de cortiços, mesmo na avaliação dos tipos de habitação "apartamento confortável" e "casa média a luxo". Nessa análise, onde foram avaliados quesitos de número de famílias por habitação, área de ocupação por pessoa, promiscuidade por falta de divisão interna, superfície por habitação, presença de janelas e outras aberturas e piso, os bairros de Santa Ifigênia e Consolação apresentaram o que o estudo considera níveis insatisfatórios: mais de duas famílias por habitação, ocupação superior a 5m² por pessoa, maiores índices de promiscuidade devido à falta de divisões entre cômodos, escassez de aberturas, baixas superfícies por habitação.

Outros estudos sobre cortiços na cidade de São Paulo mostram que esse tipo de habitação foi a alternativa predominante nos bairros centrais. Em 1962, nos bairros de Santa Ifigênia, Santa Cecília, Consolação, Bom Retiro, Campos Elíseos, Barra Funda, Brás, Belém, Liberdade, Bela Vista, Mooca e Cambuci, mais de 50% da população residia em cortiços (LAGENEST, 1962, p. 5-6). As habitações caracterizavam-se pela alta densidade de ocupação, equivalente a aproximadamente 5m² de área por pessoa, e pela precariedade, sobretudo nos quesitos arejamento e insolação, instalações sanitárias, presença de água, cozinha e banheiro. Abrigavam em sua maioria operários, seguido por empregados, comerciantes e funcionários. O elevado número de cortiços nos bairros centrais explica a alta densidade demográfica desses bairros. A maioria dos bairros centrais tinham em média de 7 e 9 pessoas por prédio (SONDAGEM..., 1947).

A compactação dos bairros centrais foi, também, favorecida pela legislação urbanística do período, tanto pelas regras referentes à verticalização, como pelas regras de abertura de loteamentos e de vias de passagem.

A legislação vigente no período era o Código de Obras Arthur Saboya, instituído pela Lei 3.427, de 19 de novembro de 1929 e consolidado pelo Ato nº 663, de 10/08/1934. Em relação à verticalização, o código estabelecia alturas mínimas e máximas que variavam de acordo com a zona. Eram quatro as zonas que dividiam a cidade: primeira ou central, segunda ou urbana, terceira ou suburbana e quarta ou rural. Para a zona central, as alturas mínimas e máximas variavam de acordo com a largura das ruas. As mínimas eram de 22[3] e 39[4] metros, e as máximas iriam de 40 metros, para ruas com largura de até 12 metros, e 80 metros, para vias de largura superior a 18 metros. Para as zonas urbana e suburbana, nas quais se enquadravam os bairros centrais, a altura mínima exigida era de 3 metros, e a máxima de uma vez e meia a largura da rua.[5] Quanto aos recuos obrigatórios, o código não trazia especificações de acordo com as zonas, regulamentava apenas para algumas ruas recuos específicos, mas nenhuma delas estava situada no Bom Retiro. Somente em 1954,

---

3. Altura mínima exigida para: largo do Arouche (parte inferior), Av. São João (da rua Duque de Caixias até praça Marechal Deodoro), avenida general Olímpio da Silveira, avenida presidente Padre Péricles, largo São Francisco, avenida Rangel Pestana (da Praça da Sé até Largo da Concórdia), e para os novos trechos do perímetro de irradiação: rua Senador Queiroz, rua São Luís, rua Maria Paula, praça João Mendes, rua Irmã Simpliciana e Anita Garibaldi, praça do futuro Paço e rua Mercúrio.

4. Altura mínima exigida para: Av. São João (da Praça Antônio Prado à Rua Duque de Caixias), largo Paissandu, Praça Júlio Mesquita, largo do Arouche, Praça da República, rua Vieira de Carvalho e avenida São Luís.

5. O Ato nº 366 de 19/02/1938 e a Lei nº 747 de 07/12/1952 alteraram os limites máximos de altura para essas zonas, ao mesmo tempo em que esta última (Lei 747) fazia modificações no perímetro das zonas urbana e suburbana.

através da Lei nº 4505 de 25/06/1954 é que foram introduzidas exigências quanto a recuos, taxa de ocupação do lote e construção de edículas.

Para a construção de casas populares, o código de 1929 permitia, nos terrenos voltados para a via pública, a subdivisão em lotes de frente e lotes de fundo, bastando para isso que fossem apresentadas para aprovação, conjuntamente, as plantas das edificações e as do retalhamento do terreno. O Ato de 1934 manteve as regulamentações específicas referentes à construção de casas populares (item "x – Condições especialmente aplicáveis às casas populares e das condições dos cortiços"). Pelos seus artigos 749 a 761, permitia a construção de casas populares associadas à abertura de "passagens", vias de acesso com 4 metros de largura, que não se constituíssem, no entanto, como parte do sistema viário. Exigia a relação mínima de um terço entre as áreas da edificação e do lote, ou seja, uma taxa de ocupação de 33%. Os "lotes de fundo" deveriam ter recuo mínimo de 6 metros do muro dos fundos, mas as edículas poderiam ser localizadas nessa faixa. Deveriam, ainda, ter acesso independente do lote da frente, com corredor de largura mínima de 1,5m.

Segundo Grostein (1998, p. 107),

> com as diretrizes da abertura de passagens para a construção de casas populares o poder público pretendia facilitar o ocupação de porções do terreno, ou mesmo de glebas já servidas por vias públicas e parcialmente ocupadas, ao mesmo tempo em que incentivava a construção de moradias populares.

Por um lado, a abertura de passagens era uma alternativa para a ocupação dos terrenos de miolos de quadra e de terrenos que não comportavam um parcelamento nos moldes de um loteamento. Por outro lado, permitindo a abertura das passagens, que se constituíam como ruas particulares, o poder público se eximia da responsabilidade de dotar de melhoramentos e serviços públicos estes espaços (GROSTEIN, 1998). A abertura de passagens para aproveitamento do miolo de quadra não se deu unicamente nas construções destinadas aos cortiços. Segundo Bonduki (1998, p. 60), ela foi característica comum dos empreendimentos rentistas, inclusive dos destinados à classe média.

Nos bairros centrais, a lei de abertura de passagens foi utilizada de diversas formas, correspondendo tipologicamente "a modelos de ocupação urbana que combinam a atividade de lotear com a de construir casas e vias de acessos aos lotes, geralmente de uso privativo das casas e com formas variadas, rua particular, viela ou viela com pátio" (GROSTEIN, 1998, p. 106). No mapa de 1930, no Bom Retiro, podemos ver diversas quadras com parcelamento do solo utilizando-se de passagens, gerando um alto aproveitamento dos miolos de quadra.

Figura II.1. Exemplos de Passagens no Bom Retiro com aproveitamento do miolo de quadra para construção de vilas habitacionais, nas ruas Prates e Ribeiro de Lima.

Fonte: Pormenor do mapa SARA BRASIL, 1930.

Os diversos processos que caracterizaram a compactação da área central da cidade e dos bairros centrais, conforme destacados pelos autores aqui citados, apresentam especificidades no bairro do Bom Retiro. Uma análise minuciosa das transformações ocorridas no âmbito do parcelamento do solo e no âmbito da edificação permite identificar três diferentes formas de compactação no bairro: aproveitamento total dos terrenos, ocupação dos lotes não edificados e verticalização.

2. Aumentos e reformas: acomodando cortiços, pequenos estabelecimentos e indústrias de confecções no Bom Retiro

A compactação no Bom Retiro, entre 1930 e 1954, ocorre através de três processos: pelo aumento da área construída do lote, sem demolição, pela substituição das edificações, ou seja, pelo aumento da área construída com demolição, e pela demolição com substituição das edificações, associada a rearranjos fundiários, ou seja, associada a desmembramentos e remembramentos de lotes. O processo de compactação do bairro do Bom Retiro através do que estamos denominando "aumento da área construída sem demolição", configurou-se como um aumento da edificação existente ou como reforma. Dos três processos de compactação identificados, este foi o de maior intensidade, revelando que raríssimas edificações se mantiveram até 1954 com a mesma configuração que tinham em 1930. No gráfico do Departamento de Serviços da Prefeitura Municipal de São Paulo, de 1940 (Figura II.2), constam os termos "aumento" e "reforma". Nas fichas de abertura de processos, além de "aumento" e "reforma" encontramos o termo "ampliação". A legislação vigente no período – o Código de Obras Arthur Saboya e sua consolidação pelo Ato nº 663, de 10/08/1934 – define apenas o termo reforma, que incluía em sua definição também os "acréscimos": "reformar é alterar a edificação em parte essencial, por supressão, acréscimo ou modificação". Aqui utilizaremos "aumento" e "reforma" por serem os termos mais recorrentes e os adotados pela administração no período.

**Figura II.2. Gráfico Comparativo das Construções
Aprovadas por semestre, 1939 e 1940.**

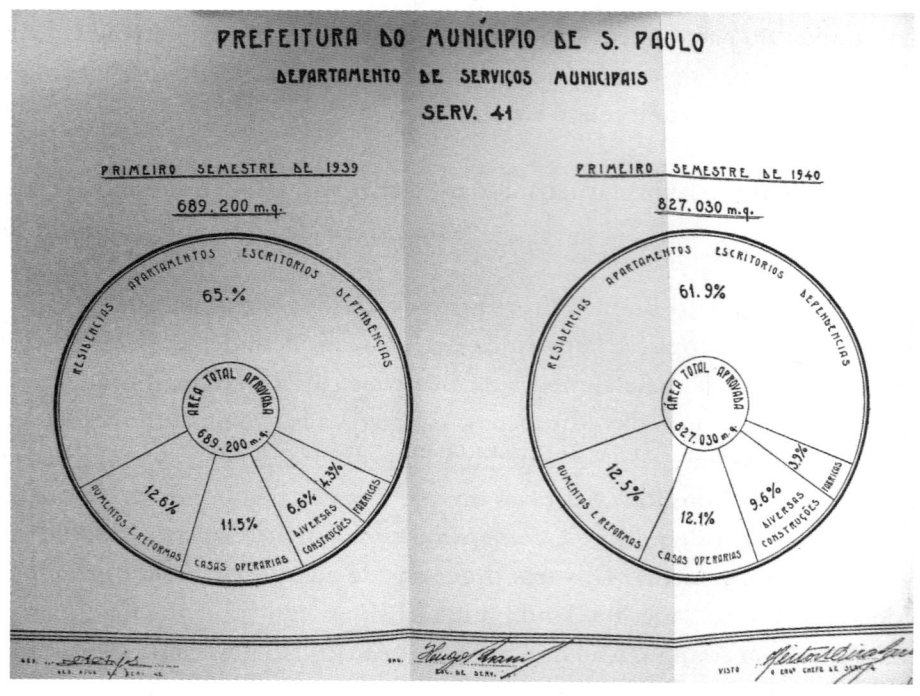

Fonte: Boletim do Departamento Estadual de Estatística, nº 8, agosto de 1940.

Em 1930, como vimos no Capítulo I, o bairro apresentava duas áreas bastante distintas no que se refere à intensidade de ocupação do lote: uma área mais compacta próxima ao centro e uma área mais rarefeita próxima à várzea. Em termos de intensidade de ocupação do lote, a diferença entre duas áreas do bairro, a mais próxima do centro e a mais próxima da várzea, diminui em 1954. Entretanto, diversos fatores fizeram com que as diferenças entre essas áreas, em termos de uso e aspectos sociais, ficassem mais nítidas. Em linhas gerais, a área mais próxima do centro se modernizou através das reformas, da verticalização e da substituição das edificações, comportando um novo contingente populacional que aí instalava suas atividades no ramo da indústria e comércio de confecções. Já a área mais próxima da várzea se compactou e se compartimentou, através dos aumentos ocorridos nas edificações existentes e dos desmembramentos de lotes, acomodando uma população mais humilde, composta de moradores de vilas residenciais e cortiços, e proprietários de pequenas indústrias e oficinas de fundo de quintal.

Embora os estudos sobre a cidade de São Paulo relativos a esse período, bem como as impressões de viajantes, tenham privilegiado o processo de transformação da cidade através da substituição de suas edificações, os aumentos e reformas foram recorrentes não apenas no bairro do Bom Retiro. Como se pode observar na tabela II.3, têm importância no volume de aprovações da Secretaria de Obras: entre 1936 e 1953, o número de reformas e ampliações somado ao de pequenas obras correspondeu em média a 18% do total das construções aprovadas na cidade de São Paulo, chegando a atingir 21% no ano de 1944.[6]

Tabela II.3. Obras Licenciadas na Capital – 1936 a 1953

Ano	Construções novas	Aumentos, reformas e pequenas obras/(porcentual sobre o total)	Total aprovado	Média de construções por dia
1936	–	–	5.387	–
1937	6.250	1.137 (15%)	7.387	–
1938	6.699	1.440 (17%)	8.139	–
1939	6.333	1.587 (19%)	7.920	–
1940	7.974	1.675 (17%)	9.649	–
1941	12.117	2.017 (14%)	14.134	45
1942	7.857	1.825 (19%)	9.682	31
1943	7.499	1.911 (20%)	9.410	31
1944	7.743	2.104 (21%)	9.847	33
1945	10.954	2.801 (20%)	13.755	59
1946	15.024	3.472 (18%)	18.496	63
1947	12.488	2.855 (18%)	15.343	53
1951	19.668	4.307 (18%)	23.975	79
1952	19.493	4.575 (19%)	24.068	79
1953	19.855	4.602 (19%)	24.457	82

Fonte: Boletim do Departamento Estadual de Estatística, São Paulo.

---

6.   Boletim do Departamento Estadual de Estatística, São Paulo.

No Bom Retiro, o percentual de aumentos e reformas sobre o total de construções esteve acima da média observada para a cidade, podendo-se detectar variações de intensidade em ruas e setores do bairro, ao longo do período em tela nesta pesquisa. Nas ruas José Paulino, Prates e Sérgio Thomaz, por exemplo, o número de solicitações de aumentos e reformas no período estudado correspondeu a 35% do total das solicitações (entre demolições, construções, reformas e aumentos). Na Rua dos Italianos, a porcentagem de requisições para aumentos e reformas foi de 56%, e para a rua Newton Prado, 66%.[7]

A diferença do percentual de aumentos e reformas entre essas ruas se deve, por um lado, ao fato de nas duas últimas (rua dos Italianos e Sérgio Tomaz) os lotes estarem pouco edificados, com pequena taxa de ocupação, no ano de 1930. No mapa desse ano (Mapa 7), distinguem-se claramente duas áreas no que se refere à densidade de ocupação dos lotes, uma mais compacta, a sudeste da rua Barra do Tibagy, e outra mais rarefeita na direção oposta, com lotes menos edificados, e com a presença de alguns lotes vazios. Consequentemente, na área mais compacta, de lotes com altas taxas de ocupação, as solicitações de aumento seriam mais raras, ao passo que na área de construções mais rarefeitas as possibilidades de aumentos horizontais seriam exploradas.

Essa diferença de intensidade de ocupação dos lotes é explicada por três fatores. Primeiro, pela proximidade da área mais compacta ao centro da cidade e à Estação da Luz. Embora os loteamentos das diversas chácaras que deram origem ao bairro tenham ocorrido quase que concomitantemente (a partir da década de 1880), a área mais próxima da Estação da Luz configurou-se como uma área de intenso tráfego de pessoas, o que naturalmente fez com que o comércio ali se instalasse. Além da presença de oficinas, barracões e armazéns que davam suporte à Estação da Luz, a rua José Paulino, inicialmente chamada de rua dos Imigrantes, foi durante algum tempo passagem obrigatória dos imigrantes que chegavam à cidade, rumo a um abrigo para imigrantes recém-chegados que funcionava na rua Tenente Pena desde 1881. A mesma edificação abrigava o desinfetório da cidade, e mesmo quando a Hospedaria do Brás foi construída, em 1888,

---

7.   Levantamento das fichas de abertura de processos da Secretaria de obras da Prefeitura Municipal de São Paulo, para as ruas citadas, no período de 1930 a 1960. Arquivo Municipal de Processos da Prefeitura Municipal de São Paulo.

a edificação continuou com a função de desinfetório da cidade, sendo passagem obrigatória dos imigrantes que eram direcionados às lavouras no interior do estado (Santos, 2000). Assim, embora o loteamento do conjunto do bairro tenha se dado num curto período de aproximadamente 10 anos, a proximidade dessa área do centro e da Estação da Luz fez com que fosse primeiramente ocupada e privilegiada comercialmente.

Tanto as ruas José Paulino quanto as ruas da Graça e Três Rios se originaram de antigos caminhos presentes no bairro: as duas primeiras conduziam à olaria de Manfred Meyer, até então a única construção retratada no mapa de 1881 (Mapa 10 – Planta da Cidade de São Paulo levantada pela Companhia Cantareira e Esgotos) e que aparece ainda no mapa de 1891 (Mapa 11 – Nova Planta da Cidade de São Paulo – U. Bonvicini e V. Dubugras), e a rua Três Rios era o caminho de acesso à Chácara Dulley, cujo loteamento deu origem ao quadrilátero compreendido pelas ruas Guarani, Silva Pinto, da Graça e Correia de Melo, onde foram instalados a Faculdade de Farmácia e Odontologia, em 1905, e em frente o Colégio Santa Inês, em 1907 (Mapa 12).

Em segundo lugar, a diferença entre essas áreas – mais e menos compactas – é explicada pelo percurso do bonde, cuja acessibilidade foi importante fator para o adensamento de várias áreas da cidade. A análise de Filardo Jr. (1998, p. 19-20 citado por Amadio, 2004, p. 54) mostra que:

> a política de restrição da expansão das linhas de bonde tendia a produzir um crescente adensamento urbano, conforme aumentava a população da cidade. A estrutura radial das linhas de bonde, que concentrava vantagens de acessibilidade no Triângulo Central, agravava essa tendência.

As linhas de bonde valorizavam as áreas por que passavam, tornando-as mais densas. Isso fica claro ao observarmos o percurso do bonde no mapa de 1930, na rua dos Italianos, por exemplo, que desde 1901 (Dertônio, 1971) era servida por uma linha de bondes elétricos: as três quadras dessa rua por onde passava o bonde aparecem bem mais compactas que as cinco quadras restantes. Mesmo em 1953, quando o bonde já não era o meio de transporte preponderante, na Planta Genérica de Valores de Terrenos[8] (Mapa 17) as quadras que eram trajeto do bonde tinham valores superiores às demais; esses valores aumentavam gradativamente em direção ao Jardim da Luz e diminuíam em direção à várzea do rio Tietê.

Mapa 10. Planta da Cidade de São Paulo levantada pela Companhia Cantareira e Esgotos. Henry B. Joyner Mice, Engenheiro em Chefe, 1881.

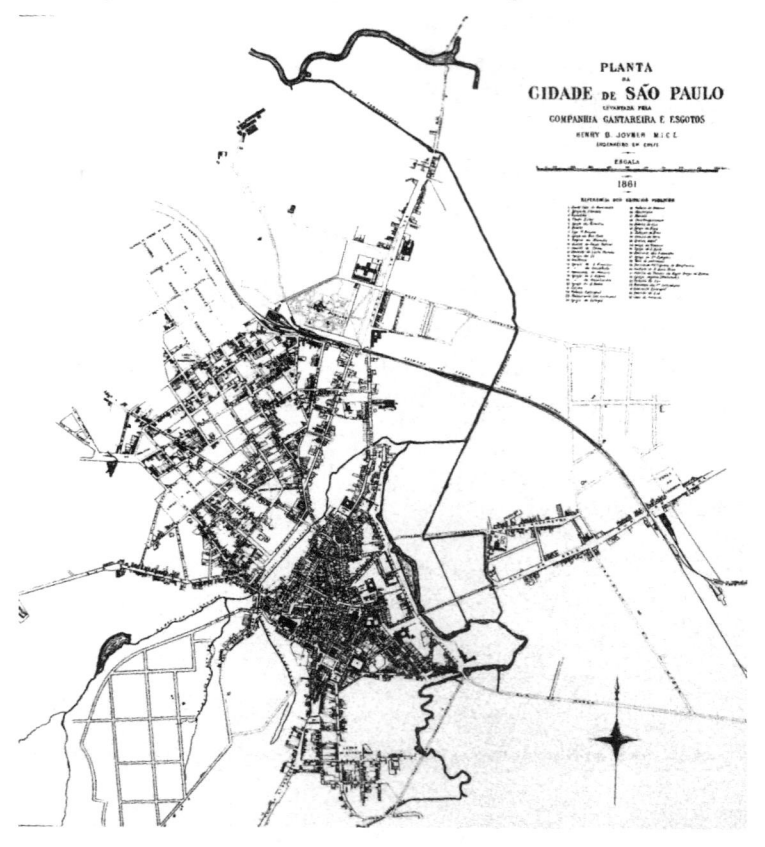

Fonte: Reis Filho (2004)

---

8. Instituída pelo Decreto 2066 de 27/12/1952. *Diário Oficial do Estado de São Paulo*, ano 63º, nº 48, de 01/03/1953.

Mapa 11. Nova Planta da Cidade de São Paulo com indicação dos principais edifícios públicos. Editores U. Bonvicini e V Dubugras, 1891.

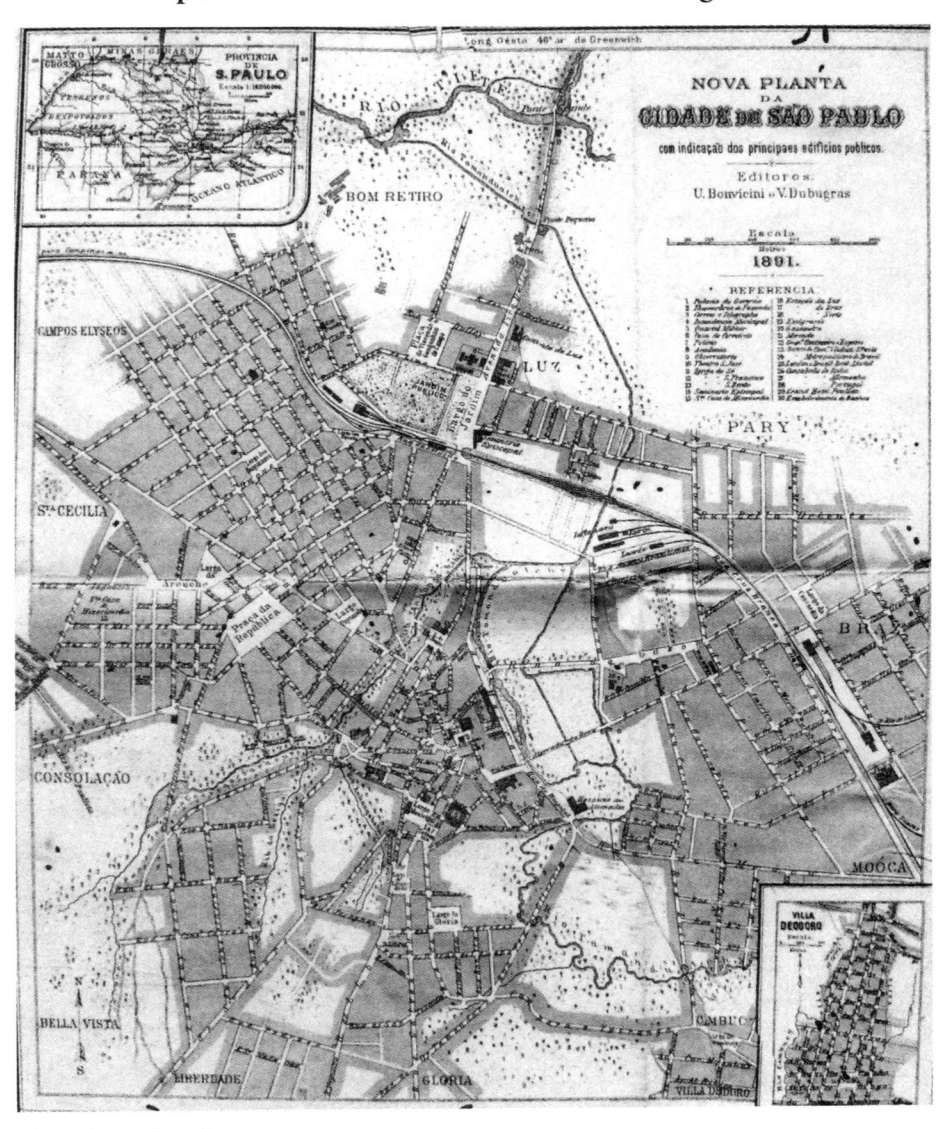

Fonte: REIS FILHO (2004)

Mapa 12. Chácaras que deram origem ao Bom Retiro. Proprietários.

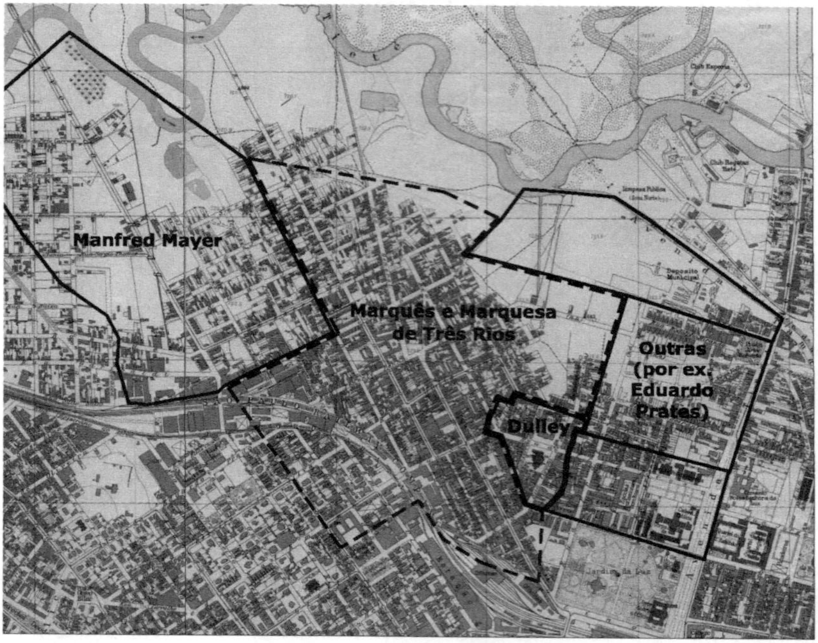

Base: Mapa SARA BRASIL, 1930. Fonte: Mapa "Chácaras, sítios e fazendas ao redor do centro (desaparecido com o crescer da cidade). Escala 1:20.000 (MAPA 2)

Em terceiro lugar, essa diferença de densidade no bairro está vinculada à sua própria topografia. A linha do trajeto de bonde, ou seja, rua dos Italianos e rua Barra do Tibagy corresponde exatamente à linha a partir da qual o terreno se eleva. Enquanto a rua Jaraguá, paralela a noroeste da rua Barra do Tibagy, apresenta cota de 722,5m, esta se localiza na cota 728,8m, ou seja, em aproximadamente 100 metros há um desnível de 6 metros. Considerando-se que a cota inundável do rio Tietê era de 719m,[9] entende-se que a ocupação dos terrenos mais altos foi preferida em relação aos de cotas inferiores.

---

9.   Cota atingida em 1923, medida na Ponte Grande. Melhoramentos do Rio Tietê em São Paulo. Relatório apresentado ao Sr. Firmiano Pinto, Prefeito de São Paulo, por F. Saturnino de Brito, Eng. Civil, Consultor. São Paulo, Secção de Obras "O Estado de São Paulo", 1926, p. 94.

Essa diferença de densidades de construção entre as duas áreas do bairro se atenua nas décadas de 1930 e 1940, tornando-se quase insignificante no mapa de 1954, devido ao processo de compactação ocorrido, principalmente oriundo dos aumentos e reformas.

As reformas foram prática comum no bairro, e se concentram principalmente na parte mais antiga: na Tabela II.4., observa-se que as maiores porcentagens de reforma se deram nas ruas José Paulino, Prates, Newton Prado e rua dos Italianos. Nas ruas José Paulino e Newton Prado, que exemplificam a área mais compacta do bairro, as reformas corresponderam à média de 27% do total das obras, e na área menos compacta, representada pela rua Sérgio Tomaz, a apenas 4%, enquanto os aumentos nesta rua a 20%. As ruas dos Italianos e Prates, que atravessavam o bairro do Jardim da Luz até a várzea e por isso tinham trechos mais e menos compactos em 1930, também tiveram mais reformas que aumentos. Já para a rua Matarazzo, correspondente à área que foi urbanizada no período, evidentemente o número de reformas foi nulo, e mesmo o de aumentos insignificante.

Tabela II.4. Tipo de obras por ruas do Bom Retiro, 1930 a 1960.

Ruas	Reformas	Aumentos	Novas Construções
área mais compacta, próxima ao centro			
José Paulino	28%	9%	62%
Prates	16%	9%	73%
Newton Prado	26%	11%	60%
Italianos	22%	6%	62%
área menos compacta, próxima à várzea			
Sérgio Tomaz	4%	20%	73%
área da várzea urbanizada após a retificação do Tietê			
Mamoré	6%	18%	70%
Matarazzo	0	4%	95%
Média geral	14%	11%	74%

Fonte: Tabela organizada pela autora a partir do levantamento das fichas de abertura de processos do Arquivo Municipal de Processos, Prefeitura Municipal de São Paulo.

Nos anúncios imobiliários do período o fato do imóvel ser reformado era um atrativo para o aluguel ou para a venda:

CASA, ALUGA-SE

Térrea, à Rua Amazonas (Bom Retiro), *completamente refor-mada*, 7 cômodos e grande quintal, aquecedor e fogão a gás.[10]

BOM RETIRO

Próximo à Rua José Paulino

Vende-se prédio de construção sólida, *completamente refor-mado*, tendo ampla sala, 3 dormitórios, cozinha e banheiro. Terreno de 5x30. (Banco A R Carvalho s.a.).[11]

Pela Tabela 11.4. vemos como as diferentes áreas do bairro, que em 1930 apresentavam estágios distintos de ocupação, evoluíram até a década de 1950: na área mais próxima do centro, até então mais compacta, há maior incidência de reformas, e na área mais próxima da várzea, mais rarefeita em 1930, a compactação se deu através dos aumentos e das novas construções. Nas duas áreas ocorreram novas construções e, como veremos mais adiante, no setor mais próximo do centro, houve maior incidência de verticalização.

Os aumentos no Bom Retiro se destinaram, por um lado, à edificação de telheiros, galpões e barracões para funcionamento de pequenas indústrias ou oficinas. Pelas fichas de abertura de processos[12] do período, para a rua Newton Prado, pudemos identificar que 11% do total de solicitações foram relativas a esse tipo de construções. Essa característica é condizente com o tipo de população predominante no bairro. Segundo o estudo da SAGMACS, predominavam no Bom Retiro as "classes médias inferiores" – "pequenos industriais, artesãos importantes, comerciantes médios, funcionários e empregados médios". Além destes, o bairro também possuía "classes populares urbanas" – "pequenos artesãos, pequenos comerciantes, empregados e funcionários, operários qualificados e trabalhadores braçais" – e, em menor escala, "classes médias

10.   *O Estado de S. Paulo*, 15/02/1953. (Grifo nosso).

11.   *O Estado de S. Paulo*, 21/11/1954. (Grifo nosso).

12.   Fichas de Abertura de Processos do Arquivo Municipal de Processos.

superiores" – "proprietários rurais, industriais e comerciantes, profissionais liberais, funcionários e empregados de alto nível" (SAGMACS, 1958, p. II-79). As transformações provenientes dos aumentos estão diretamente associadas aos moradores dessas edificações – pequenos industriais, artesãos importantes, pequenos comerciantes – que associam o trabalho ao espaço da habitação.

Por outro lado, os aumentos se destinaram também à construção de cômodos, banheiros ou quartos, que provavelmente serviam como cortiços. Assim como em outros bairros centrais de origem fabril, a existência de cortiços no Bom Retiro foi uma constante ao longo da história do bairro. O estudo coordenado pelo Padre Lebret em 1947 revelou que, na zona central da cidade, na qual se incluía o Bom Retiro, a maioria das habitações eram consideradas insatisfatórias, ainda que muitas passíveis de melhoria. Tratava-se de "prédios muito antigos, não modernizados", e de habitações classificadas como miseráveis, localizadas "geralmente no subsolo, ou nas partes comuns desses prédios". No Bom Retiro, o número de habitações classificadas como mais precárias era de 55%, sendo de apenas 5% o número de habitação confortável e 20% de habitação satisfatória (SONDAGEM..., 1947, p. 13).

A presença desses usos, tanto dos cortiços quanto dos pequenos estabelecimentos industriais e comerciais que associam o espaço de trabalho ao da moradia é um elemento de permanência do bairro, que se estabeleceu já na sua formação e que permaneceu, através da continuidade de configuração de lotes e edificações.

O anúncio seguinte, publicado em 1943, revela uma configuração de lote, edificações e usos muito comum no bairro: em um lote relativamente pequeno, a presença de um armazém com residência, ou seja, uma edificação assobradada, e nos fundos do lote mais cinco "moradias", tendo ainda o lote passagem lateral para veículos.

BOM RETIRO
Armazém com Residência
Rua Barra do Tibagy, prédio antigo com armazém na frente com residência, *além de mais 5 moradias nos fundos, sendo de*

> *um lado com passagem para veículos.* Terreno 10,80x15. Preço Cr$ 100.000.00. (T. Camargo Filho e Cia Ltda)[13]

Medindo o lote de frente 10,80m, com uma passagem lateral de pelo menos 4m (considerando-se que a legislação nesse caso fora seguida), a edificação assobradada mediria 6,80m de frente. Se a área total do lote é de 162m², supondo-se que a edificação principal juntamente com a passagem de veículos ocupe em torno de 100m², restariam apenas 62m² para cinco moradias, o que equivale a aproximadamente 12m² para cada uma delas. Certamente se trata de cômodos; o próprio uso do termo "moradias" neste anúncio contrapõe-se ao do termo "residência", indicando diferentes padrões no mesmo lote.

Um outro anúncio de 1952, também referente a lote com intenso aproveitamento, sugere a presença de "cortiço-corredor", outra modalidade de cortiços. Além de comportar mais de um uso (residencial e comercial ou industrial), o lote possuía 5 cômodos na lateral e "demais dependências", possivelmente dependências comuns aos cômodos, como banheiro e tanque.

> BOM RETIRO
> Rua General Flores, 60, 11x24, Armazém com 2 quartos no fundo, ao lado 5 cômodos e demais dependências.[14]

A associação entre moradia e trabalho no mesmo lote ou edificação é outra permanência no Bom Retiro, e parecia ser uma regra, e não uma exceção no bairro. Abram Szajman, presidente da Federação do Comércio do Estado de São Paulo, como ex-morador do bairro, em depoimento ao Museu da Pessoa, conta que o uso das edificações como local de moradia, comércio e produção estiveram presentes ao longo de toda a sua vida no bairro, em todos os lugares em que morou:

---

13.   *O Estado de S. Paulo*, 21/11/1943. (Grifo nosso)

14.   *O Estado de S. Paulo*, 03/02/1952.

> Eu me lembro que nós, o primeiro local que nós moramos aqui no Bom Retiro, (...) vamos dizer que 1943 (...) A gente morava na Rua Ribeiro de Lima, Bom Retiro, e na frente tinha uma família que tinha ainda, naquela época existiam muitos italianos que moravam no Bom Retiro, (...) e nessa casa na Rua Ribeiro de Lima morava a família Solito, que eles trabalhavam com laticínios e tinha um negócio de queijo. (...) eles moravam na parte da frente, na parte inferior tinha o depósito de queijos etc., e lá no fundo tinha uma edícula né: era um quarto, um banheiro, uma cozinhazinha e a gente morava lá (...).[15]

A própria moradia era usada também como local de trabalho, por vezes:

> (...) a gente morava lá na Rua da Graça, era uma casa um pouco maior, e nessa época é, foi aí que meu pai começou a comprar essas duas máquinas e começou a costurar dentro de casa, né? Então a gente morava num quarto, todo o mundo num quarto só, meu pai, minha mãe, minha irmã e eu, tinha a fabriquinha do meu pai, tinha uma cozinha e tinha um quintal grande, e tinha um banheiro lá embaixo.

> (...) ele começou a desenvolver um trabalho, aí nós nos mudamos para uma casa já melhorzinha, que era na Rua Silva Pinto, que era, na parte superior tinha dois quartos, uma sala, tinha uma cozinha, banheiro, tal, e na parte de baixo, que era um assobradado, então virou a fabriqueta do meu pai. Então ele tinha lá a mesa de corte, tinha as máquinas de costura e a passadeira e ele aí começou a desenvolver

---

15. Depoimento de Abram Szajman ao Museu da Pessoa, s/d. Extraído do sítio http://www. museudapessoa.net

> o trabalho dele. Mas sempre muito pequeno, era tudo muito modesto.
>
> (...) depois nós mudamos aqui para a Rua Três Rios, moramos em 1960 talvez, aí na Rua Três Rios, aonde ele tinha também na parte, uma parte da casa era uma pequena fabriqueta dele, e ele trabalhou até mil novecentos e setenta e pouco.

Szajman ressalta que o uso misto era uma constante no Bom Retiro, e transpassou as várias gerações de imigrantes moradores do bairro:

> (...) a história dos imigrantes ela se repete, né? A história do Bom Retiro é uma história que a gente pode verificar que ela aconteceu na época da imigração italiana. Os pais eram os trabalhadores, né, cada um tinha os seus negócios, ou trabalhando no ramo de secos e molhados, importando algumas coisas da Itália etc., moravam lá dentro do estabelecimento, ou em cima na sobreloja. Lá na casa assobradada, né, embaixo era o negócio ou se fosse uma coisa baixa, no fundo moravam os pais, e os filhos tinham obrigação de estudar... Então, quando chegavam aqui no Brasil, moravam nessas casas, no fundo das lojas, né, ou das pequenas fabriquetas (...).

O grande volume de transformações de "pequena escala" no Bom Retiro – os aumentos e as reformas – mostra que o bairro se transforma acomodando nas edificações existentes os usos característicos do bairro desde sua origem: cortiços, indústrias de fundo de quintal, pequenos estabelecimentos comerciais. Esses usos predominantes, bem como a característica dos lotes e das edificações onde se instalam, cuja configuração permite essas associações, são elementos de permanência no bairro, para os quais as transformações ocorreram no sentido de acomodá-los. Nesse processo de transformação do bairro, o traçado urbano não é alterado de forma significativa, caracterizando-se também como uma permanência.

3. Demolições e rearranjos fundiários: novas configurações para indústrias ou grupos residenciais, prédios de apartamentos e prédios com armazéns em todos os andares

O aumento da área construída através da construção de novas edificações foi um segundo modo pelo qual se deu a compactação do bairro no período de 1930 a 1954. Esse processo ocorreu de duas formas: sem alteração da estrutura fundiária, portanto, no lote existente, o que vamos denominar demolição e substituição, e com alteração da estrutura fundiária, através de desmembramentos ou remembramentos de lotes, o que vamos denominar substituição por rearranjo fundiário.

As demolições e substituições, ou seja, sem alteração da estrutura fundiária, ocorreram de maneira pulverizada por todo o bairro, mas a destinação desses lotes, até 1954, teve variações nas diferentes áreas do bairro. Na parte mais próxima do centro, até 1954 alguns desses lotes foram ocupados por novas edificações com gabaritos maiores que o da edificação anterior, ou seja, foram verticalizados, para abrigar as indústrias e comércio de confecções, ou prédios de apartamentos com comércio no térreo. Outra parte desses lotes, localizados nas ruas Itaboca e Aimorés, que aparecem no mapa de 1954 desocupados, provavelmente tiveram suas edificações demolidas nesse mesmo ano após a extinção da zona de meretrício aí instalada até 1953 (FELDMAN, 1989). Por sua vez, na parte do bairro mais próxima da várzea, nos lotes com edificações demolidas foram construídas novas edificações destinadas a armazéns com moradia e moradia com comércio. Os rearranjos fundiários também ocorreram de maneira diferenciada em cada uma dessas áreas do bairro. Na parte mais próxima da várzea, predominaram os desmembramentos, que foram destinados às indústrias e à construção de vilas habitacionais no interior das quadras. Os remembramentos foram mais intensos na parte mais próxima do centro, e se destinaram comumente à edificação de prédios de apartamentos.

As demolições ocorridas no Bom Retiro sem alteração da estrutura fundiária deram origem a novas edificações destinadas a usos diferentes dos usos originais do lote. Os anúncios apontam, juntamente com os dados do Arquivo Municipal de Processos, que foram erguidos, nos terrenos demolidos, edificações destinadas a indústrias, edifícios de apartamentos, armazéns e edifícios comerciais. Esse tipo de substituição da edificação ocorreu de maneira pulverizada por todo o bairro, sendo menos concentrado que as demolições consequentes dos rearranjos fundiários.

O processo de demolição e construção foi característico de São Paulo a partir do século XIX (TOLEDO, 1981). Bruno (1984) cita as impressões de viajantes e cronistas para caracterizar as transformações da cidade das décadas de 1930 e 1940: o cronista Antônio de Alcântara Machado destaca o processo de substituição das edificações expressando o curto período de vida das mesmas: "Aqui as casas vivem menos que os homens";[16] o viajante Kipling refere-se a essas transformações através do aspecto da cidade, em contínua mudança: "São Paulo não é uma cidade definitiva, mas uma cidade em mudança" com "aspecto desarranjado e provisório".[17]

Petrone (1958, p. 159) destacou as diferentes tipologias que eram construídas:

> não há rua que não ofereça um telhado novo, raras as que não assistem à construção de um prédio. Prédios residenciais, finos ou modestos, palacetes ou bangalôs estandardizados, arranha-céus de 8 ou 10 andares e gigantes de mais de 25 andares, com sua estrutura de cimento-armado.

Na década de 1940, a renovação dos edifícios, assim como a renovação urbana, consequentes da ampliação das áreas centrais e abertura de avenidas, foi processo característico das grandes cidades brasileiras (BONDUKI, 1980; LEME, 1992; MELO, 1992, *apud* Bonduki, 1998).

No Bom Retiro, o processo de substituição da edificação sem alteração do lote ocorreu de maneira pulverizada por todo o bairro, não sendo característico de nenhuma área em particular, conforme Mapa 13 (mapa das demolições ocorridas no Bom Retiro 1930-1954). Uma vez demolidas as edificações, novas eram construídas

---

16. Machado, Antônio de Alcântara. Cavaquinho e Saxofone. Rio de Janeiro: José Olympio Editora: 1940, p. 15 *apud* BRUNO, 1984: 1319.

17. In: Cândido Mota Filho, Aspectos da Cidade. Diário de São Paulo, 02/12/1947 *apud* BRUNO, 1984: 1319.

com maiores áreas e, por vezes, com maiores alturas, o que contribuiu para o processo de compactação do bairro. Esse processo de transformação é legível nos anúncios imobiliários publicados no período, implícito nas suas entrelinhas de duas formas. Em primeiro lugar, pela elevada quantidade de anúncios de terrenos. Por se tratar de um bairro já consolidado, onde a presença de terrenos vazios era rara, certamente tratava-se de lote com edificação demolida. A incidência de anúncios de venda de terrenos, no período de 1940 a 1960, atesta o fato: 22% dos anúncios imobiliários levantados referiam-se a terrenos.[18]

TERRENO NO CORAÇÃO DO BOM RETIRO
Vende-se *demolido*, para pronta entrega, (…), plano, medindo 16x50m (…). Preço Cr$ 1.250.000,00 a dinheiro sem contra-oferta. Negócio urgente. Tratar na rua da Conceição, 511, com o proprietário.[19]

Em segundo lugar, os termos usados, ao enfatizarem a condição do imóvel, se velho ou novo, explicitavam essa substituição. O uso de termos como "armazéns antigos", "casa velha", "prédio para ser demolido", ou "recém-construído", "prédio novo", era recorrente nos anúncios.

TERRENO – BOM RETIRO
Rua Anhaia – 7x34,50. *Com casa velha, vaga.* Ponto comercial a uma quadra da Rua José Paulino.[20]

---

18. Segundo levantamento dos anúncios imobiliários referentes ao Bom Retiro, no jornal *O Estado de S. Paulo*, de 1940 a 1960.

19. *O Estado de S. Paulo*, 04/02/1951. (grifo nosso)

20. *O Estado de S. Paulo*, 05/11/1950. (grifo nosso)

ARMAZEM NA R. BARRA DO TIBAGY
Aluga-se um magnífico armazém de 100m², prédio novo, ponto
comercial de grande movimento, rua Barra do Tibagy, 494.[21]

Figura II.3. – Anúncio de prédios velhos na rua Amazonas.

Rua Amazonas

Perto da Escola Politecnica, 20 x 37,25 — Predio velho. metade
a demolido.
Preço: Cr$ 1.700.000,00 — 70-1902.

Fonte: *O Estado de S. Paulo*, 03411/1951, p. 24.

Figura II.4. – Anúncio de aluguel de apartamentos na rua José Paulino.

ALUGAM SE APARTAMENTOS
EM PREDIO RECEM-ACABADO, DE 2 E 3 DOR-
MITORIOS, COM QUARTO DE EMPREGADOS,
DE FINO ACABAMENTO. — VER E TRATAR Á
RUA JOSE' PAULINO N. 752

Fonte: *O Estado de S. Paulo*, 19/11/1950, p. 30.

Muitos anúncios, ao mesmo tempo que ressaltam a condição do imóvel como
imóvel velho ou antigo, enfatizando as dimensões do terreno, destacam sua vocação
propícia à verticalização:

---

21.   *O Estado de S. Paulo*, 19/02/1950. (grifo nosso)

Figura II.5. – Anúncio de armazéns antigos na rua Amazonas.

BOM RETIRO — RUA AMAZONAS — 2 armazens antigos em terreno de 20x37,25. Local otimo para a construção de um predio de apartamentos. Está situado a 30 metros da rua 3 Rios e entre a Faculdade de Farmacia, Colegio Santa Inês e a Politecnica. Preço Cr$ ......; 1.400.000,00. Facilita-se a metade. MAIORES DETALHES pelos fones: 2-9832 e 3-2809.

Fonte: *O Estado de S. Paulo*, 03/11/1946, p. 26.

TERRENOS

Rua José Paulino, no melhor trecho: entre as ruas Ribeiro de Lima e Silva Pinto. Armazéns antigos medindo 11x33,20m. *IDEAL PARA CONSTRUÇÃO DE PRÉDIO COM ARMAZÉNS EM TODOS OS ANDARES.* Preço: Cr$1.200.000,00. (Adelino Alves).[22]

TERRENO 12X40

BOM RETIRO

Vende-se ótimo, plano, *entrega-se vago. Ótimo para construção de prédio de apartamentos,* ponto residencial na rua da Graça. (predial Jucela).[23]

Esses anúncios tinham em comum a ênfase na localização do imóvel: arredores das ruas José Paulino e Prates, que foram as áreas onde mais ocorreu a verticalização. Exemplos são os edifícios das décadas de 1940 e 1950 que se mantém no bairro até hoje (Figuras II.6, II.7, II.8 e II.9)

---

22. *O Estado de S. Paulo*, 17/11/1946. (grifo nosso)

23. *O Estado de S. Paulo*, 20/11/1960. (grifo nosso)

Figuras II. 6 e II.7. – Tipologias verticais remanescentes na rua Prates.

Fotos da autora, 2008.

Figuras II.8 e II.9. – Tipologias verticais remanescentes na rua José Paulino.

Fotos da autora, 2008.

No Mapa 13 (Demolições ocorridas no Bom Retiro, 1930 a 1954), essas áreas são caracterizadas com o maior número de demolições, tanto as demolições sucedidas de novas edificações, quanto as oriundas de rearranjos fundiários. Além disso, observa-se que esta área corresponde à concentração de maior número de terrenos vazios, não edificados em 1954. Não por acaso, foi nessa área que ocorreu o maior número de remembramentos de lotes.

Mapa 13. Demolições Ocorridas no Bom Retiro entre 1930 e 1954.

Base: Mapa SARA BRASIL. Fontes: Mapas SARA BRASIL, 1930 e VASP CRUZEIRO, 1954

(Ver mapa colorido na p. 232)

Em relação aos rearranjos fundiários, ao compararmos os mapas de 1930 e 1954 é possível visualizar dois movimentos. O primeiro, de desmembramentos, que consiste na subdivisão do lote em dois ou mais lotes, e o segundo de remembramentos, consistindo na anexação de lotes contíguos para formação de um lote de dimensões maiores. Esses processos tiveram diferentes intensidades nas duas áreas do bairro: na área mais próxima ao centro prevaleceram os remembramentos, e na área mais próxima à várzea os desmembramentos. A formação do bairro e a diferente valorização dessas duas áreas explicam a espacialização desses processos e as diferentes tipologias – industriais e habitacionais – que acomodaram.

Em primeiro lugar, deve-se destacar que a área mais próxima ao centro possuía, em 1930, a característica de lotes estreitos e profundos, enquanto na área mais próxima da várzea predominavam lotes de grandes dimensões e até quadras inteiras ainda não loteadas, o que fez com que, mesmo com o elevado número de desmembramentos ocorridos, essa área ainda mantivesse, em 1954, um grande número de lotes com metragens e frentes amplas. Os anúncios de imóveis com grandes dimensões geralmente faziam referência aos situados na porção do bairro mais próxima da várzea:

TERRENO COM CHAVE

BOM RETIRO – 6.500m². R. Sólon esquina R. Lopes Trovão[24]

TERRENOS – BOM RETIRO

Trav. Rua Mamoré (fundos da Rua Newton Prado) 660 metros quadrados com 25 de frente.[25]

---

24. *O Estado de S. Paulo*, 18/02/1940.

25. *O Estado de S. Paulo*, 05/02/1950.

Figuras II.10. – Anúncio de terreno de metragem ampla na rua Anhaia.

Rua Anhaia, 1018 ao 1042

Fazendo esquina com a rua Sergio Tomaz onde brevemente passará a Avenida Pacaembu, tendo do lado direito a Avenida do Estado, nas redondezas já existem lindos edifícios e grandes · industrias. Na rua Anhaia 8 casas pequenas, sendo 6 em bom estado. Rua Italianos, 1017 a 1031. Metragem total 3.500 m2. Á rua Sergio Tomaz vai ser recuada 19 metros, sendo assim, ficará, na rua Anhaia 31 metros de frente. Rua Italianos 40 metros de frente. Rua Sergio Tomaz 80 metros de frente, tendo 2 esquinas. Preço 6 milhões de cruzeiros. Troca-se com predio de renda se houver diferença pode-se combinar. Todas as informações á Avenida Rodrigues Alves, 132 — Das 9 ás 16 horas — 70-4902.

Fonte: *O Estado de S. Paulo*, 18/11/1951, p. 24.

Em segundo lugar, a diferença dos preços dos imóveis entre a porção mais próxima do centro e a mais distante fez com que, na primeira delas, a busca pelo melhor aproveitamento dos terrenos implicasse na verticalização, que muitas vezes só era possibilitada pelos remembramentos de lotes. Essa verticalização, como veremos, foi destinada tanto ao uso habitacional quanto para as indústrias e comércio de confecções. Por outro lado, a área mais distante do centro, com terrenos em torno de dez vezes mais baratos, poderia acomodar uma população de menores recursos e indústrias mais modestas. Enquanto esses terrenos, mais próximos da várzea, valiam de 150 a 500 cruzeiros em 1953 (respectivamente no final da rua Neves de Carvalho e rua Jaraguá), os mais próximos do centro oscilavam de 1200 (na rua Silva Pinto) a 2500 cruzeiros (na rua José Paulino), segundo a Planta Genérica de Valores aprovada pelo Decreto 2066 de 27/12/52.

Essa dupla destinação – industrial ou habitacional – dada aos terrenos de maiores dimensões da área mais próxima da várzea está bem caracterizada no anúncio seguinte:

> TERRENOS — BOM RETIRO
>
> Entre as ruas Jaraguá e Newton Prado, *magnífico terreno para indústria ou grupos residenciais*. Mede 50x100m.[26]

Os terrenos de maior porte eram destinados tanto à construção do que os anúncios denominavam "grupos residenciais", ou seja, vilas habitacionais, quanto de indústrias. Em relação ao uso habitacional, o Mapa 14 (Rearranjos fundiários com

---

26. *O Estado de S. Paulo*, 05/11/1950. (grifo nosso)

aproveitamento dos miolos de quadra no Bom Retiro. 1930 a 1954) mostra o caso de quatro terrenos, situados nas ruas Jaraguá, Visconde de Taunay, Lopes Trovão, Anhaia e Júlio Conceição, que passaram por rearranjos fundiários entre os anos de 1930 e 1954, e deram origem a vilas. Todos eles tiveram em comum novas configurações, onde o miolo de quadra foi super-aproveitado com a criação de lotes internos. Os loteadores e construtores, nesses casos, beneficiaram-se com a permissão de abertura de ruas particulares e retalhamento de terrenos para construção de casas populares, prevista pelo Ato 663, de 10/08/34 (consolidação do Código de Obras Arthur Saboya).

Mapa 14. Rearranjos fundiários ocorridos no Bom Retiro, com aproveitamento do miolo de quadra, entre 1930 e 1954.

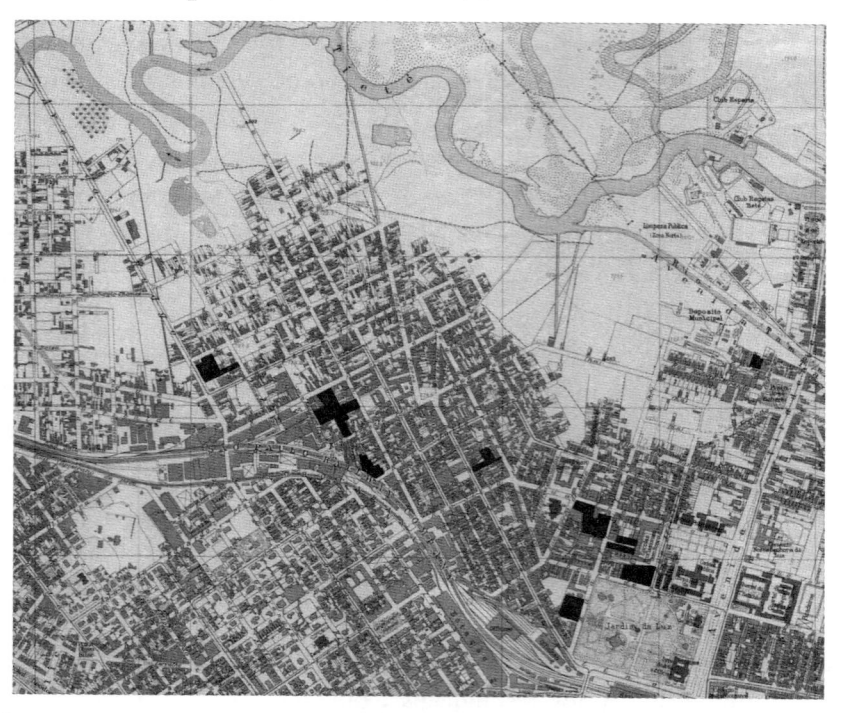

Base: Mapa SARA BRASIL. Fontes: Mapas SARA BRASIL, 1930 e VASP CRUZEIRO, 1954

Já no referente ao uso industrial, os anúncios imobiliários que destacavam a destinação do imóvel exclusivamente para indústrias, ou para indústria/armazém e moradia, se referiam a imóveis situados na área mais próxima da várzea, enquanto os anúncios relativos a imóveis "na parte mais comercial do bairro" estavam ligados predominantemente a imóveis com mais de um pavimento destinados a uma só vez ao comércio e indústria.

Figura II. 11. – Anúncio de armazém na rua Barra do Tibagy.

> BOM RETIRO — Rua Barra do Tibagi, otimo armazem para industria medindo 53 x 40, aluguel. Cr$ 12.350,00. Cr$ 1.200,00 por metro quadrado.

Fonte: *O Estado de S. Paulo*, 03/11/1946, p. 26.

Figura II. 12. – Anúncio de armazém e duas moradias na rua Barra do Tibagy.

> BOM RETIRO — Rua Barra do Tibagi, de esquina, construção de cimento armado, em terreno de 5,70 x 28, belo sobrado com armazem e duas moradias. Cr$ 400.000,00.

Fonte: *O Estado de S. Paulo*, 03/11/1946, p. 26.

TERRENOS PARA INDÚSTRIA – BOM RETIRO

Av. Visconde de Taunay.[27]

TERRENOS

Rua José Paulino, no melhor trecho: entre as ruas Ribeiro de Lima e Silva Pinto. Armazéns antigos medindo

---

27.   *O Estado de S. Paulo*, 16/11/1947.

11x33,20m. *Ideal para construção de prédio com armazéns em todos andares.*[28]

Figura II. 13. – Anúncio de venda de prédio de loja e sobrelojas na rua José Paulino.

Fonte: *O Estado de S. Paulo*, 20/11/1955, p. 34.

O mapa elaborado pela SAGMACS em 1957, publicado em 1958 (Mapa 15) mostra que, no Bom Retiro, os terrenos industriais distribuíam-se por quase todo o bairro – exceto nas áreas de várzea urbanizadas com a retificação do Tietê. A maior concentração de indústrias ocorre ao longo da rua José Paulino (praticamente toda a rua) e da rua Anhaia, em direção à várzea do Tietê. No entanto, os terrenos industriais correspondiam, para cada área do bairro, a diferentes tipos de indústria.

Nos arredores da Rua José Paulino, o predomínio foi o de indústrias de confecções. Das 211 indústrias de confecções fundadas no bairro entre 1924 e 1945, apenas 7 estavam localizadas em ruas mais distantes da José Paulino, como a Newton Prado, Mamoré e Barra do Tibagy;

---

28. *O Estado de S. Paulo*, 17/11/1946.

todas as outras localizavam-se nas ruas José Paulino, da Graça, Prates, Silva Pinto, Ribeiro de Lima e Júlio Conceição (FELDMAN, 2008). Na área mais próxima da várzea, o predomínio foi de indústrias diversas, como dos ramos da metalurgia, editorial e gráfica, alimentos, materiais plásticos etc. (SANTOS, 2000, p. 111). Essa diferença entre os tipos de indústrias do bairro e da tipologia de construção que as abrigava está refletida nos anúncios anteriores.

Mapa 15. Localização dos terrenos de indústria no Bom Retiro. Pormenor do Mapa Localização de terrenos de indústria – Centro – Brás – Mooca. 1957.

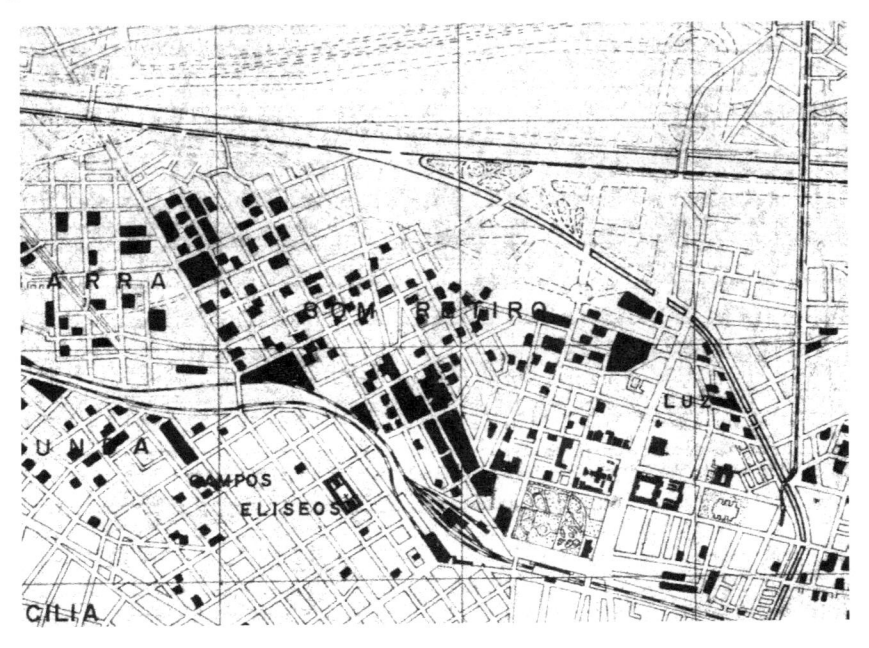

Fonte: Museu Paulista da USP

A parte do bairro mais próxima do centro foi onde se deu o processo de verticalização mais intenso. Dessa forma, os rearranjos fundiários, no âmbito dos remembramentos de lotes, estiveram estritamente relacionados à verticalização destinada tanto para moradias quanto para indústrias de confecções.

Por último, a comparação dos mapas aponta uma grande quantidade de lotes que passaram tanto por remembramentos quanto por desmembramentos e que permaneciam desocupados. Isso pode ser observado em 1954 nas ruas Itaboca, Aimorés, José Paulino, da Graça, Ribeiro de Lima, Prates, Guarani, Afonso Pena e Bandeirantes, o que indica que o processo de transformação do bairro prossegue após 1954.

O caso das ruas Itaboca e Aimorés, assim como a rua Carmo Cintra e parte das ruas Silva Pinto e Ribeiro de Lima (as partes compreendidas entre a linha férrea e a rua José Paulino), constitui-se como um caso particular. Em 1940, através de determinação do interventor Adhemar de Barros, a zona de tolerância é instalada no Bom Retiro; a área escolhida é a delimitada por essas ruas e pela linha férrea, área "escondida" incrustada no setor ocupado pelos judeus. A instalação da zona de prostituição nessa localidade, em pleno momento da Segunda Guerra Mundial e de uma política antissemita instaurada pelo Estado Novo no Brasil, garantia facilidade de um duplo controle pelas autoridades: controle da zona de prostituição e controle também sobre os imigrantes judeus instalados nessa área do bairro (FELDMAN, 1989).

A instalação da zona de prostituição no Bom Retiro provocou vários protestos por parte dos moradores e instituições. Em 1940 estabelecimentos de ensino lançaram um manifesto solicitando a retirada da zona de meretrício do bairro (FELDMAN, 1989, p. 82). Em 1951, comerciantes e proprietários de indústrias do Bom Retiro fizeram publicamente, no *Jornal dos Bairros*, um apelo ao governador do estado, Lucas Garcez, para que transferisse urgente a zona do meretrício.

(…) as providências oficiais não podem tardar. Eis que o funcionamento do "mal social necessário" no coração de um bairro densamente povoado como o Bom Retiro, com seu comercio movimentadíssimo, seus numerosos estabelecimentos de ensino, seus templos, instituições religiosas e residências familiares e fábricas ocupando milhares de jovens de ambos os sexos, constitui um perigo social dos mais graves. Na verdade, raramente uma Capital cristã se consentiria a existência de semelhante foco de alvitamento moral a conspurcar a vida

Figura II. 14. – Campanha do comércio do Bom Retiro para transferência do meretrício.

Fonte: *O Jornal dos Bairros*, 30/10/51, p. 5.

e as atividades da população ordeira e progressista que é a população do Bom Retiro.[29]

No mesmo ano, o Jornal publicou pequeno artigo intitulado "O Problema do Meretrício" pelo qual defendia sua transferência para outro local.

> (...) No caso do meretrício que funciona no populoso bairro do Bom Retiro, a primeira providencia, aquela que deverá anteceder a toda e qualquer outra seria transferir o mesmo para outro local (...). Se não é possível mudar para muito longe esse cancro social, ao menos se o transfira para um lugar onde se possa isolá-lo por meio de construções adequadas[30]

Apesar de todos os protestos, a zona de prostituição do Bom Retiro só foi abolida oficialmente em 30 de dezembro de 1953 (FELDMAN, 1989, p. 76) Com o seu fim, rapidamente a área foi reintegrada ao bairro, melhor dizendo, à área mais comercial do bairro: no mapa de 1954, é a área que aparece com maior número de demolições e rearranjos fundiários.

Assim como o traçado urbano que, apesar da expansão do bairro para a várzea, continua com as mesmas características, o parcelamento predominante no bairro, caracterizado pelo intenso aproveitamento das quadras e dos lotes, configura-se como uma permanência, mesmo que tenham ocorrido, como vimos, os rearranjos fundiários. Esses rearranjos e também as demolições com substituição das edificações, considerados em conjunto, determinam um duplo movimento que é ao mesmo tempo transformação e permanência: transformação física, uma vez que são alteradas as configurações originais da edificação, do lote, da quadra; e permanência do que caracteriza o "todo", o bairro visto na totalidade, uma vez que ocorrem no sentido de acomodar tipologias e usos característicos do bairro desde sua origem.

---

29. Apelo do Comercio do Bom Retiro ao Exmo. Sr. Governador Lucas Garcez. Por que e urgente a transferência do meretrício? In: *O Jornal dos Bairros*, 30 de outubro de 1951, p. 5.

30. O Problema do Meretrício. In: *O Jornal dos Bairros*, 23 dezembro de 1951, p. 2

4. A verticalização no Bom Retiro: prédios de apartamentos com comércio no térreo e prédios de loja e sobreloja para indústrias de confecções

Como vimos no início do capítulo, o processo de verticalização em São Paulo, que se iniciou no centro, que se expandiu a partir do final da década de 1920, para os bairros adjacentes (SOMEKH, 1997; MENDES, 1958), esteve relacionado às obras viárias do Plano de Avenidas de Prestes Maia. Essas obras, por um lado, possibilitaram os rearranjos fundiários, pois muitos imóveis foram desapropriados, as edificações foram demolidas e novos terrenos ou glebas foram vendidos pela municipalidade (BONDUKI, 1998), dando origem a lotes de maiores dimensões, que permitiram a verticalização.

Somehk (1997, p. 23-24) estabelece uma periodização para o processo de verticalização ocorrido em São Paulo.[31] O espaço temporal concernente ao nosso estudo englobaria dois desses períodos: um de 1920 a 1939, e outro de 1940 a 1956. No primeiro, a verticalização teve como características o uso terciário e de aluguel. Surgiu na área central da cidade e se expandiu para os bairros lindeiros, e consistiu na reprodução de padrões europeus no espaço urbano. No segundo, o uso predominante associado à verticalização passa a ser o residencial, e o padrão de construção valorizado o norte-americano.

Ficher (1994, p. 69-71) destaca nas décadas de 1940 a 1960 os edifícios de grandes alturas e de arquitetura moderna, associados aos vetores de expansão determinados pelo Plano de Avenidas:

> A atuação de Prestes Maia em seu primeiro mandato iria determinar a distribuição espacial dos arranha-céus da cidade nos vinte anos seguintes, ao mesmo tempo em que garantiria uma época de realizações excepcionais quanto à altura. Com a conclusão do novo viaduto do Chá em 1935, o alargamento da avenida São Luiz e a abertura da continuação da avenida Ipiranga em direção à praça da Consolação, ficava consolidada a importância do entorno da rua Barão de Itapetininga e

---

31. A autora estabelece a periodização através dos marcos referentes à ação do poder público no tocante à verticalização e às curvas de crescimento vertical na cidade. SOMEHK, 1997: 22-24.

> da praça da República como pólo vertical e como local em
> que se concentravam obras de orientação moderna.

Os prédios de arquitetura moderna que se disseminavam nesse período concentravam-se nos arredores do perímetro central e no bairro de Higienópolis, que em meados de 1940 "exibia algumas das mais importantes realizações de arquitetura moderna de influência carioca na cidade" (FICHER, 1994, p. 69-71).

Por outro lado, surgia na década de 1950 a tipologia da kitnete ou quarto-sala, predominante como tipologia de mercado em São Paulo, e também de arquitetura moderna (ROSSETO, 2002). A construção dessa tipologia, segundo a autora, teria sido um nicho de mercado encontrado pelo mercado imobiliário para suprir a demanda da classe média baixa, que não dispunha de alto poder aquisitivo para adquirir um apartamento, mas que ainda priorizava o habitar próximo às áreas de trabalho. Vários exemplos dessa tipologia são encontrados no bairro da Bela Vista, sobretudo ao longo da Avenida Nove de Julho.

**Figuras II.15 e II.16. Anúncios de Venda de Apartamentos Tipo Kitnete
e quarto-sala nas áreas centrais.**

Fonte: *O Estado de S. Paulo*, 20/11/1960.

No Bom Retiro, o processo de verticalização começou a ocorrer no final da década de 1940, intensificando-se na década seguinte. O gráfico II.1 (p. 108), elaborado a partir da pesquisa em anúncios imobiliários, referente aos tipos de imóveis comercializados no Bom Retiro entre 1940 e 1960, mostra que no ano de 1946 aparece o primeiro anúncio de apartamento. A partir do ano de 1948 os anúncios de apartamentos passam a ser constantes e têm um significativo aumento do ano de 1963 em diante. Concomitantemente, o número de anúncios de armazéns, que desde 1946 mostrou-se mais alto que o de apartamentos, também se eleva a partir de 1963. Isso aponta para as especificidades do processo de verticalização no bairro e o diferencia em vários aspectos dos processos, identificados pelos autores citados anteriormente em outros bairros.

Em primeiro lugar, deve-se destacar que a área onde ocorreu a verticalização no Bom Retiro não coincide com nenhuma obra viária, embora a acessibilidade do bairro seja favorecida pelas obras do Plano de Avenidas. Em segundo lugar, a tipologia vertical predominante no Bom Retiro foi destinada a um uso misto de comércio e indústria, seguida de edifícios de apartamentos com comércio no térreo. Por último, a verticalização do bairro com fins residenciais foi destinada a uma classe média diferente tanto daquela classe moradora das tipologias de kitnetes, quanto da classe média alta dos edifícios residenciais de Higienópolis, por exemplo.

Em relação ao primeiro aspecto destacado, o processo de verticalização no Bom Retiro se explica pela valorização dos terrenos nessa área do bairro, que ocorreu devido ao processo de influência da expansão da área central e da mudança na centralidade da cidade que se observa a partir dos anos de 1940. A concentração do comércio e serviços voltados para a elite já se apresentava deslocada para as áreas do então "Centro novo", no além-Anhangabaú, e o "Centro velho" se voltava às camadas populares. Nas décadas seguintes, o centro de São Paulo se consolida como "centro deselitizado" e assume a característica de centro metropolitano, atendendo comercialmente toda a região metropolitana de São Paulo e outras regiões do estado e do país (FELDMAN, 2003). Este "centro" compreende, nesse momento, o "centro propriamente dito", as áreas periféricas ao centro – zonas mistas imediatamente vizinhas ao centro, mas com equilíbrio entre as funções residenciais e as típicas do centro – e a zona de transição, caracterizada como predominantemente residencial mas com várias características do Centro (MÜLLER, 1958, p. 126).

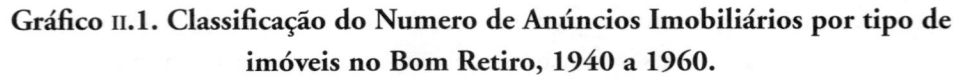

Gráfico II.1. Classificação do Numero de Anúncios Imobiliários por tipo de imóveis no Bom Retiro, 1940 a 1960.

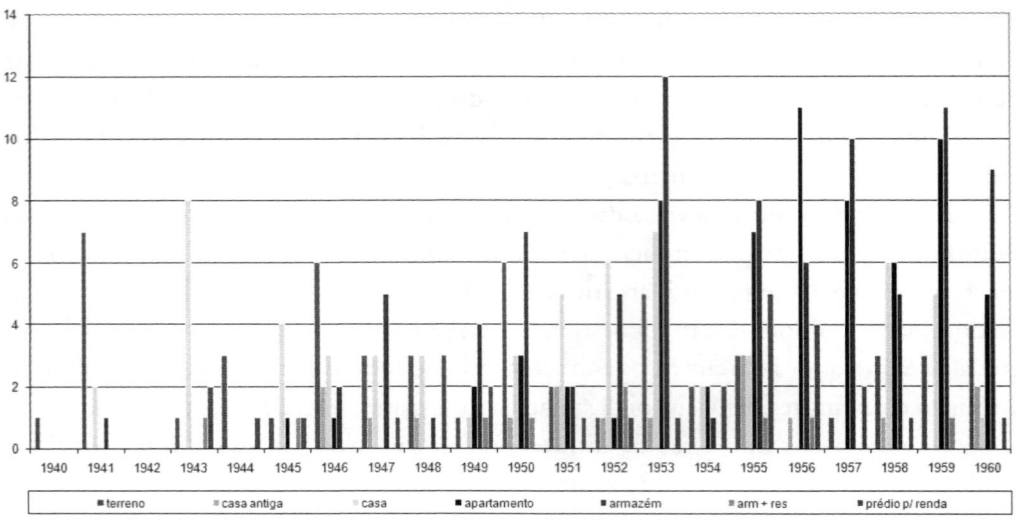

Fonte: Gráfico elaborado pela autora a partir do levantamento no jornal *O Estado de S. Paulo*.
(Ver gráfico colorido na p. 233)

A expansão do centro atingiu a área de transição, provocando nela o aumento do preço da terra. Uma reconstituição histórica da valorização imobiliária do Bom Retiro, realizada por Evaso (1998, p. 82-88) mostrou que as áreas em torno da rua José Paulino, Ribeiro de Lima e Três Rios eram as mais valorizadas do bairro já em 1938, embora os preços de terrenos fossem, em média, a metade dos preços praticados nas avenidas São João, Ipiranga e Rio Branco. Essa área do Bom Retiro se valorizaria constantemente até 1953, inclusive com preços mais elevados que as ruas vizinhas do bairro de Campos Elíseos – com valores entre 1000 e 1200 cruzeiros – e que a avenida Tiradentes, para a qual o Plano de Avenidas previa maiores gabaritos, cujo valor de terrenos era, em 1953, de 800 e 900 cruzeiros, conforme pode se observar na Planta Genérica de Valores estabelecida pelo Decreto Municipal 2066 de 27/12/1952.[32]

Dentre essas três ruas – José Paulino, Ribeiro de Lima e Três Rios – a mais valorizada delas, em 1953, era a primeira, seguida pela Ribeiro de Lima, que tinha valores iguais ao da rua Prates (no trecho próximo ao Jardim da Luz), e por último da Três Rios: os terrenos ao longo da primeira valiam 2500, da segunda, de 2000 a 1500 e da terceira 900. No entanto, a maior verticalização, tanto em número de edifícios altos quanto em relação à altura dos edifícios, não se concentrou na rua José Paulino, que tinha destaque como ponto comercial, mas sim nos arredores do Jardim da Luz, em especial na rua Ribeiro de Lima e Prates.

A valorização dessas áreas é verificada através dos anúncios imobiliários publicados no período, nos quais se evidencia a importância dada aos arredores da rua José Paulino e à própria rua, como ponto comercial.

---

32. Segundo Mapa dos Setores de Lançamentos das Zonas Urbana e Suburbana do Município de São Paulo, estabelecido pelo Decreto Municipal 2066 de 27/12/1952. In: *Diário Oficial do Estado de São Paulo*, 01/03/1953. O mapa traz os valores venais dos imóveis, que são certamente menores que os valores de mercado. Valores em cruzeiros.

Figura II.17. Anúncio de Venda de loja com armazéns – produção e venda no mesmo edifício – na rua Três Rios.

BOM RETIRO.
RUA TRÊS RIOS
AMPLA LOJA COM GRAN-
DE ARMAZEM NOS
FUNDOS

Excelente condições de
pagamento e somente Cr$
3.400,00 por m2, construído.
Indicado para instalação
de loja com oficina no próprio local, 500 m2. Instalações sanitarias. ENTREGA
IMEDIATA.

PREÇO:
Cr$ 1.900.000,00
FACIL. Cr$ 1.400.000,00 em
CINCO ANOS

Detalhes completo com
BARROS-HANDLEY. (Ref.
C-57|205) pelos tels.: 32-3131
ou 32-3111 — 224 Barão de
Itapetininga.

Fonte: *O Estado de S. Paulo*, 20/11/1955.

RUA JOSÉ PAULINO
Excelente ponto comercial, em local de grande procura.
Metragem ideal para construção de prédio de lojas e aparta-
mentos ou conjunto de escritório. (Barros-Handley)[33]

A verticalização ocorrida na rua José Paulino foi predominantemente de edifícios de dois a quatro pavimentos, destinados ao uso comercial e industrial.

---

33.   *O Estado de S. Paulo*, 17/02/1957.

**Figuras II.18 e II.19. Tipologias verticais destinadas à indústria
e comércio na rua José Paulino.**

Fotos da autora, 2008.

O levantamento de Márcio Pereira dos Santos (Figura II. 20) ilustra que a área verticalizada mais comercial do bairro corresponde exatamente à área que Müller (1958) classificou como "zona de transição".[34] Segundo este levantamento, há uma forte concentração de edifícios de 3 ou mais andares destinados ao comércio e indústria ao longo das ruas José Paulino, Aimorés, Itaboca (atual rua Prof. Cesare Lombroso), Ribeiro de Lima, Prates, da Graça, e nas quadras das ruas dos Italianos e Anhaia compreendidas entre a Silva Pinto e Júlio Conceição.

Este levantamento também explicita a segunda especificidade do processo de verticalização do Bom Retiro a que nos referimos anteriormente: a verticalização destinada ao uso comercial e industrial. O anúncio acima, de 20/11/1955, refere-se a um prédio com essas características, o que se nota pelos destaques que são dados à presença do elevador, à estrutura sólida, "própria para maquinaria pesada", e à independência das entradas para loja e sobreloja, o que possibilitava diferentes usos por pavimento. Outros anúncios, embora de terrenos, também explicitavam essa

34. No mapa "Cidade de São Paulo. Área Central e suas Vizinhanças. 1952.", confeccionado pela autora, a área do Bom Retiro compreendida entre as ruas Silva Pinto, José Paulino e a linha férrea está inserida na Zona de Transição, e classificada como zona de ocorrência de comércio varejista. (Müller, 1958: 176)

característica da área, ao destacar a "vocação" do mesmo: "ideal para construção de prédio com armazéns em todos os andares".

Figura II. 20. Carta da estrutura e funcionalidade das edificaçõs do Bom Retiro.

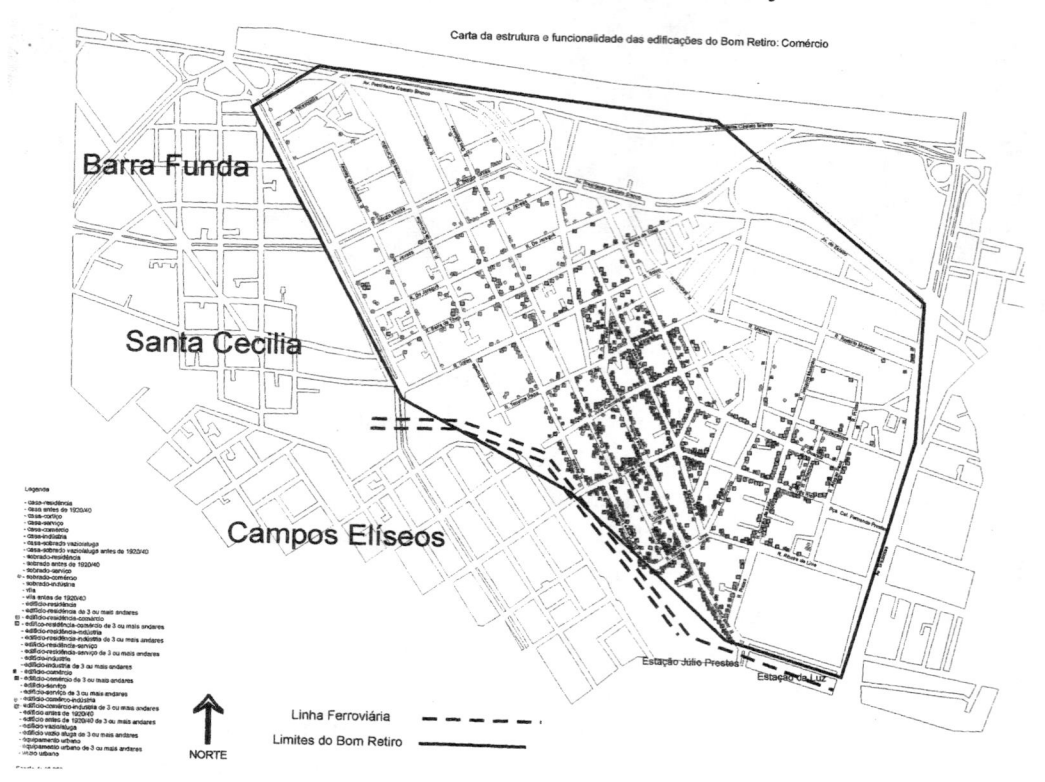

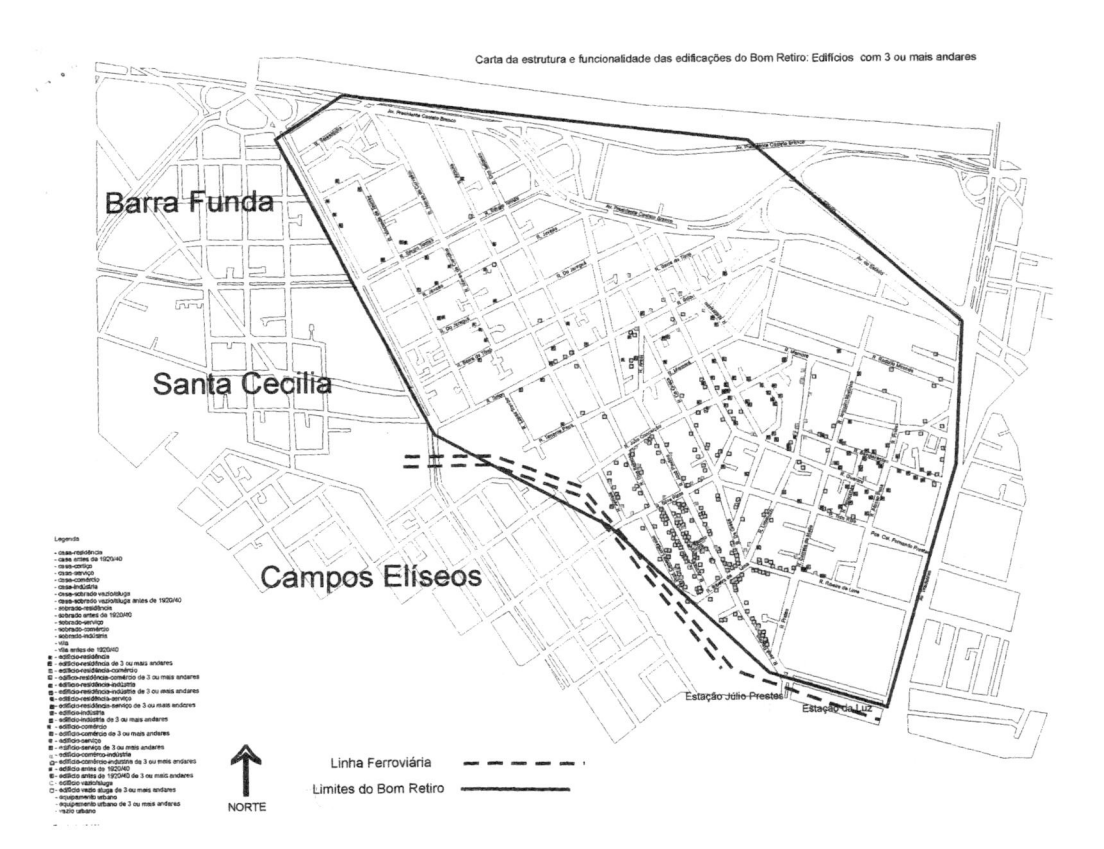

Carta da estrutura e funcionalidade das edificações do Bom Retiro: Edifícios com 3 ou mais andares

As Cartas mostram uma grande concentração de edifícios "comércio-indústria de três ou mais andares" ao longo das ruas José Paulino, Aimorés, Silva Pinto, César Lambroso (antiga Itaboca) e nas duas primeiras quadras das ruas Anhaia e dos Italianos, parte da Mamoré e parte da rua da Graça. Quanto aos edifícios "residência-comércio de três ou mais andares", as cartas mostram a concentração nas quatro primeiras quadras da rua Prates, ao longo das ruas Três Rios, Guarani, Afonso Pena, Amazonas, última quadra da rua José Paulino, parte da rua Júlio Conceição, rua do Areal e parte da rua Solon. O estudo de SANTOS (2000) se baseou em levantamentos atuais, mas as edificações a que se refere são da década de 1940-1950. SANTOS, 2000.

TERRENOS

Rua José Paulino, no melhor trecho: entre as ruas Ribeiro de Lima e Silva Pinto. Armazéns antigos medindo 11x33,20m. *Ideal para construção de prédio com armazéns em todos os andares.* Preço: Cr$1.200.000,00. (Adelino Alves)[35]

Essa especificidade da verticalização do Bom Retiro coincide com a instalação das indústrias de confecções pelos imigrantes judeus no bairro, como veremos no capítulo seguinte. Na década de 1920 começaram a se instalar no bairro as indústrias de confecções, muitas delas tendo no mesmo local a produção e a venda do produto. O levantamento de Feldman (2008) indicou que entre as indústrias de confecções fundadas no bairro entre 1930 e 1945, 47% estavam na rua José Paulino, 11% na rua da Graça, e os números seguiam com as ruas Prates, Silva Pinto, Ribeiro de Lima e Júlio Conceição. Ou seja, todas nas proximidades da José Paulino e na área onde ocorreu a verticalização. Quanto aos proprietários, 95% de todas elas eram judeus.

O "Apelo do Comercio do Bom Retiro ao Exmo. Sr. Governador Lucas Garcez", publicado pelo *Jornal do Bairros* em 1951,[36] mencionado anteriormente, traz uma série de estabelecimentos comerciais e de produção industrial, todos do ramo de confecções, cujos donos eram, praticamente todos, judeus (Figura 11. 14).

Por último, o processo de verticalização no Bom Retiro teve como peculiaridade a introdução um novo padrão residencial no bairro: o de edifícios modernos destinados à classe média, em contraposição à classe "de nível de vida bem mais modesto" que habitava as áreas de várzea (MENDES, 1958, p. 205). Essa diferenciação, segundo Fernandes (1986, p. 72), é oriunda da verticalização tanto de edifícios em alturas quanto de pequenos prédios de até quatro andares, de uso misto, empreendidos tanto por poupanças familiares quanto por capitais em vias de concentração:

---

35.   *O Estado de S. Paulo,* 17/11/1946.

36.   Apelo do Comercio do Bom Retiro ao Exmo. Sr. Governador Lucas Garcez. Por que é urgente a transferência do meretrício? In: *O Jornal dos Bairros,* 30 de outubro de 1951, p. 5.

> (...) no que concerne ao uso habitacional, eles se consti-
> tuem em um elemento de diferenciação social dentro desses
> bairros,[37] ao produzir unidades de habitação com um certo
> conforto mínimo, além da presença da infraestrutura, refor-
> çando portanto a tendência a substituição da população.

A diferença de valorização dessas áreas também explica essa diferença: pela Planta Genérica de Valores, os terrenos situados na área onde ocorreu a verticalização valiam, em 1953, de três a quatro vezes mais que os situados na parte mais próxima da várzea: 1500 a 2000 na rua Ribeiro de Lima, 1000 a 1500 na rua Prates, 1500 na rua da Graça, 900 na rua Três Rios; em direção à várzea, de 500 a 700 na rua Jaraguá, de 200 a 400 na rua Javaés, de 200 a 330 na rua Sérgio Thomaz, e de 150 a 200 no prolongamento das ruas Neves de Carvalho, Anhaia e Italianos.[38]

As características dos edifícios de apartamentos, reveladas pelos anúncios imobiliários do período, indicam que se tratava de uma classe média, modesta, diferente da população de classe média que predominou em Higienópolis, por exemplo, mas dotada de maiores recursos se comparada à população predominante no Bom Retiro. Segundo o estudo coordenado por Lebret em 1957, o bairro de Higienópolis era composto predominantemente por "classes médias superiores", enquanto no Bom Retiro, além destas, existiam também as "classes populares urbanas e classes médias inferiores", com predominância desta.

Entre os anúncios de venda e aluguel de apartamentos publicados no período, não foi encontrado nenhum que se referisse à tipologia de kitnete ou quarto-sala. Tratava-se de apartamentos de dois ou mais dormitórios e amplos espaços. No anúncio de 20/02/1949, por exemplo, a presença do quarto de empregada e a "rigorosa seleção de inquilinos" atesta que se tratava de edifício para uma classe

---

37. A autora se refere aos bairros centrais do Brás, Mooca, Bom Retiro, Barra Funda, Belenzinho, Cambuci e Pari. (FERNANDES, p. 108, p. 67)

38. Valores em Cruzeiros. Mapa dos Setores de Lançamentos das Zonas Urbana e Suburbana do Município de São Paulo, estabelecido pelo Decreto Municipal 2066 de 27/12/1952. In: *Diário Oficial do Estado de São Paulo*, 01/03/1953.

média. O anúncio destaca quais seriam as características desses "finíssimos apartamentos": o hall, a sala ampla, o banheiro completo, os armários embutidos da cozinha, à moda da época, a área com tanque. Os elevadores, importantes naquele momento, eram bons, e o apartamento era dotado ainda de gás ligado, uma conquista para poucas áreas da cidade.

> ALUGAM-SE APARTAMENTOS
>
> Em prédio recém acabado, de 2 e 3 dormitórios, com quarto de empregados, de fino acabamento. Ver e tratar à Rua José Paulino, n. 752.[39]

Figura II.21. Anúncio de Aluguel de Apartamentos na Rua Prates, Bom Retiro.

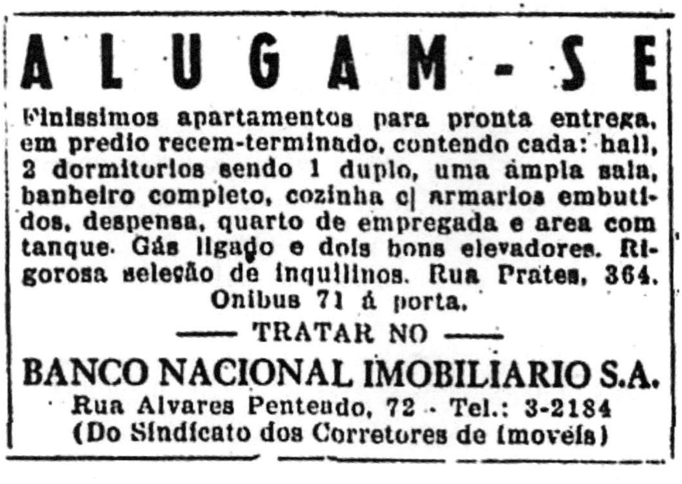

ALUGAM-SE

Finissimos apartamentos para pronta entrega, em predio recem-terminado, contendo cada: hall, 2 dormitorios sendo 1 duplo, uma ampla sala, banheiro completo, cozinha c| armarios embutidos, despensa, quarto de empregada e area com tanque. Gás ligado e dois bons elevadores. Rigorosa seleção de inquilinos. Rua Prates, 364. Onibus 71 á porta.

— TRATAR NO —

BANCO NACIONAL IMOBILIARIO S.A.

Rua Alvares Penteado, 72 - Tel.: 3-2184

(Do Sindicato dos Corretores de Imoveis)

Fonte: *O Estado de S. Paulo*, 20/02/1949, p. 28.

Anúncios como esses revelam ainda o processo de modernização da habitação advindo do Movimento Moderno em Arquitetura. Para o espaço do morar, assim como para as cidades, eram propostas inovações, pois estava ele mesmo estritamente relacionado ao uso da cidade e à inserção do indivíduo no convívio

39. *O Estado de S. Paulo*, 19/11/1950.

social e numa sociedade em intensa transformação. "Abria-se para os arquitetos a possibilidade de rever certos cânones arquitetônicos, não só de renovação de processos construtivos, mas também a dinâmica dos espaços internos da moradia necessários para aliviar convenientemente o trabalho da mulher que participava agora, também, da vida profissional" (ROSSETO, 2002: 32).

Em São Paulo, a modernização da habitação ocorreu em sintonia com as reformas empreendidas no centro da cidade na década de 1940, no âmbito do Plano de Avenidas. A renovação urbana e dos edifícios correspondeu à implantação de uma modernidade metropolitana que tinha como símbolos o automóvel, os arranha-céus e a arquitetura moderna (BONDUKI, 1998; MELO, 1992; SOMEHK, 1997). A verticalização e a adoção de características modernas estavam associadas à imagem do progresso, da renovação. Nesse processo, a invenção do elevador e o uso do concreto armado tornaram-se adventos importantíssimos, de modo que "falar de edifícios altos no Brasil é falar também da introdução e da rápida difusão do uso do concreto armado na realização de estruturas arquitetônicas" (FICHER, 1984:62)

A verticalização nesses moldes e com essas aspirações foi a predominante no Bom Retiro. O uso de termos como "estilo moderno", "em concreto armado" e o destaque dado à presença do elevador mesmo em edifícios de apenas dois pavimentos eram destacados nos anúncios relativos não só a apartamentos, como também àqueles edifícios destinados ao uso industrial e comercial. Além disso, era constante o destaque do tipo de acabamento do edifício, que expressava o desprovimento de ornamentação e uso de materiais que se disseminaram com a Arquitetura Moderna. O próprio termo "moderno" era enfatizado nos anúncios.

BOM RETIRO

PRÉDIO DE RENDA 14%

Entre as ruas José Paulino e Al. Ribeiro de Lima. Recém construído, fachada de pastilhas, 4 andares, 6 amplas lojas, salas e salões. (Waldemar Mesquita).[40]

---

40. *O Estado de S. Paulo*, 05/11/1956.

As preocupações com questões sanitárias, de luminosidade e ventilação das construções, também está explicitada nos anúncios. Destacam-se, como fatores de valorização dos imóveis, as "instalações sanitárias independentes", os espaços arejados e iluminados. Termos como "terreno totalmente aproveitável", "face norte", "ideal para prédio de apartamentos com direito à área de claridade externa", "bem iluminada", demonstram que os preceitos da arquitetura moderna relativos à luz e ao ar eram tanto preocupação dos construtores quanto elementos de agregação de valor à arquitetura. O bairro se moderniza através da incorporação de elementos da arquitetura moderna em seu conjunto edificado.

Vale ainda destacar o predomínio da forma de aluguel sobre o da moradia própria no Bom Retiro, também no tocante à tipologia vertical habitacional. Embora no Bom Retiro o predomínio do aluguel se dê também em relação às tipologias de uso comercial e industrial, é em relação à tipologia de habitação vertical que esse número se destaca, pela diferença em relação a número registrado para a cidade. No período de 1940 a 1960, a incidência de anúncios relativos a aluguel, na categoria apartamentos, foi de 53%. No mesmo período, para o bairro da Bela Vista, o percentual foi de apenas 28% (Tabela II.5).

Tabela II.5. Porcentagem de anúncios de venda e aluguel segundo tipo de imóvel. Bom Retiro e Bela Vista – 1940 a 1960.

	Bom Retiro		Bela Vista	
	venda	aluguel	venda	aluguel
Casas	82%	18%	96%	4%
Apartamentos	47%	53%	72%	28%
Armazéns	43%	57%	34%	66%
total	56%	44%	81%	19%

Fonte: anúncios imobiliários do jornal *O Estado de S. Paulo*, 1940 a 1960.

Em São Paulo, a forma de moradia de aluguel foi predominante tanto para os setores de baixa renda quanto os de média, até a década de 1930 (SAMPAIO, 1994 citado por BONDUKI, 1998, p. 43). Em 1920, somente 19,1% dos prédios da capital eram ocupados por proprietários, em 1925, 23,8%. "Como em geral os prédios ocupados por proprietários eram unifamiliares e os ocupados por inquilinos eram, em boa proporção, coletivos, a porcentagem da população que vivia em moradias de aluguel era, no período, superior a 80%". (BONDUKI, 1998, p. 43-44).

Com a Lei do Inquilinato, promulgada em 1942, que congelava os aluguéis, a produção rentista de habitação, até então forma predominante de habitação popular que se constituía como investimento extremamente lucrativo, é desestimulada. Segundo Bonduki (1998, p. 209), a lei constituiu-se com uma das principais causas da transformação da forma de provisão da habitação no país, pois desestimulou a produção rentista e transferiu para o Estado e para os próprios trabalhadores o encargo de produzir suas moradias. A Lei do Inquilinato afetou de formas distintas os diferentes grupos de locadores. Nos bairros centrais, onde o número de cortiços era elevado, a lei acabou por beneficiar o grupo de sublocadores, importantes agentes de formação dos cortiços "casas de cômodos" que, apoiado na lei, "pagavam valores irrisórios aos proprietários e mantinham com seus inquilinos relações informais de locação, baseadas na violência e coerção, que lhes facilitava burlar a legislação" (BONDUKI, 1998, p. 234). A atuação desse grupo pode ter feito com que, mesmo com o mercado de locação em baixa, a porcentagem da população que residia em moradias alugadas passasse de 68%, em 1940, a 57% em 1950. (BONDUKI, 1998, p. 231)

De fato, os bairros centrais conservaram ao longo do tempo a forma de aluguel como predominante. Em 1980, 61,3% dos domicílios eram alugados, enquanto na cidade esse número chegava a apenas 40% (FERNANDES, 1986, p. 69). Fernandes atribui a predominância do aluguel nesses bairros, mesmo com a ocorrência da verticalização, a dois fatores: primeiro porque "a valorização do investimento na edificação dessas unidades (edifícios em altura e prédios de até quatro andares) passava sobretudo pela valorização da propriedade e não pela venda da mercadoria produzida", e segundo porque a demanda de compra e venda era limitada, devido à escassez de crédito como forma de possibilitar o acesso à propriedade.

Assim, enquanto ocorrem transformações significativas nas tipologias habitacionais em determinados setores do Bom Retiro, mais precisamente na área mais próxima do centro e do Jardim da Luz, o aluguel como forma de moradia predominante é um elemento de permanência no Bom Retiro. O processo de verticalização envolveu, em parte, mudanças no parcelamento – remembramentos de lotes –, mudanças tipológicas tanto da habitação quanto da indústria e comércio, e foi localizado, aumentando a diferença interna entre setores do bairro. Tanto essas transformações no parcelamento e na tipologia, quanto a permanência da forma de aluguel são especificidades do bairro.

III – Décadas de 1940 a 1950: construindo sobre a Várzea

1. As várzeas do Tietê no Bom Retiro antes da canalização do rio: extração de areia e argila, depósito de lixo e emissário de esgoto

UMA TRANSFORMAÇÃO IMPORTANTE no bairro do Bom Retiro entre 1930 e 1954, revelada pela comparação dos mapas cadastrais, foi o aumento da área urbanizada do bairro através da ocupação das várzeas do rio Tietê e sua confluência com o Tamanduateí.

As dez novas quadras localizadas na porção noroeste do bairro, conforme mostra o mapa de 1954, são a expressão da conquista das várzeas para edificação. (Figura III.1) Nessa área, as novas vias deram continuidade ao traçado existente. Em relação ao parcelamento, também seguiu a característica predominante do bairro, de muitos lotes estreitos intercalados com alguns lotes maiores. Somente na Avenida Rudge, em seu trecho de várzea, o parcelamento diferiu do predominante: havia ainda em 1954, nesta parte, o predomínio de lotes de grandes dimensões, ainda sem muitas edificações. Ocorreu um movimento de expansão também na porção nordeste e leste do bairro, através da abertura de novas vias (rua Matarazzo, continuação da rua Mamoré, e perpendiculares a ela). A expansão em direção às várzeas foi possibilitada pela retificação do rio Tietê e do prolongamento do canal do Tamanduateí até a nova calha do Tietê. As obras de retificação drenaram as várzeas e

acabaram com as enchentes até então constantes, tornando edificável uma área de aproximadamente 1.700.000 m² do bairro.[1]

No Bom Retiro, as margens dos rios Tietê e Tamanduateí permaneceram por
muito tempo livres de urbanização e com poucas edificações, tornando-se efetivamente
ocupadas a partir do final da década de 1940, quando a retificação do rio Tietê entre a
Ponte Grande e a Avenida Rudge foi finalizada,[2] o canal do Tamanduateí foi estendido
até a nova calha do rio Tietê e foi aberta em suas margens a Avenida do Estado,[3] que
mais tarde se ligaria à Marginal do Rio Tietê.

Figura III.1. Áreas da várzea ocupadas após a retificação do Rio Tietê no Bom Retiro.

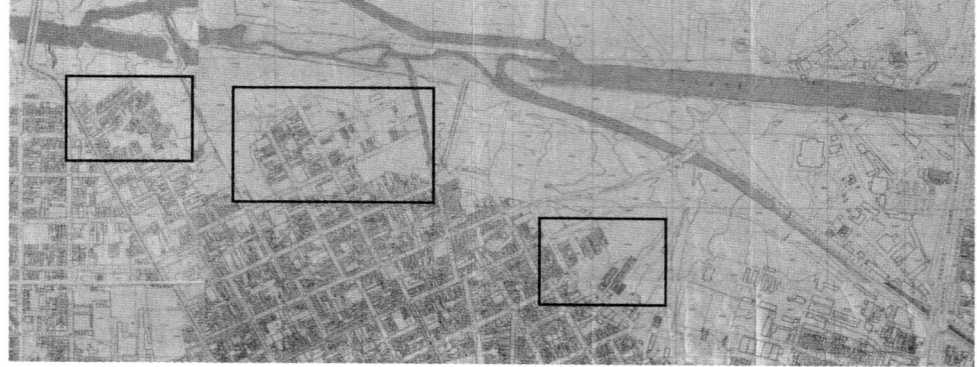

Fonte: Mapa Vasp Cruzeiro.

---

1.   Área inundável do Tietê, em metros quadrados, da Avenida Rudge até Ponte Grande, margem esquerda. *Relatório apresentado ao Sr. Dr. Firminiano Pinto, Prefeito de São Paulo, por F. Saturnino de Brito, Eng. Civil Consultor.* São Paulo: Secção de Obras Raras d "O Estado de S. Paulo", 1926, p. 223.

2.   Relatório apresentado ao Sr. Dr. Firminiano Pinto, Prefeito de São Paulo, por F. Saturnino de Brito, Eng. Civil Consultor. São Paulo: Secção de Obras Raras d "O Estado de S. Paulo", 1926, p. 223.

3.   Municipio de São Paulo. Levantamento Aerofotogramétrico executado por Vasp Areofotogrametria SA e Serviços Aerofotogramétricos Cruzeiro do Sul SA. Fotografias tomadas em janeiro de 1954 Autorizado pela Lei 4104/51. Iniciado na gestão do Prefeito Armando de Arruda Pereira. 1952-1957. Prefeitura Municipal de São Paulo. (Escala 1:2000)

Antes das obras de retificação, as várzeas do Tietê no Bom Retiro, assim como em outros bairros pelos quais passava o rio, eram desprovidas de urbanização, constituindo-se como

> inesperados espaços abertos, especialmente perto do Tieté ou ao longo de barrancos abruptos, onde aparecem casinholas precárias, animais soltos, hortas improvisadas e campos de futebol. (MORSE, 1970, p. 358).

Em conjunto com os rios, as várzeas tinham grande importância, tanto social quanto econômica para a cidade. Além de espaço lúdico e de lazer, os rios eram usados para navegação, transporte de passageiros e abastecimento de víveres da cidade de São Paulo, para extração de areia, pedra e argila, usados na construção, como meio de sustento da população ribeirinha, através da caça e pesca, para o abastecimento de água e, paradoxalmente, para escoamento do esgoto da cidade e depósito de lixo (JORGE, 2006).

No Bom Retiro, a primeira ocupação das várzeas representada nos mapas foi a olaria de Manfred Meyer (Mapas 10 e 11). A localização das olarias nas várzeas era favorecida pela proximidade da matéria prima e do combustível: a argila, que era usada na fabricação de tijolos e telhas, e a madeira, usada para a queima dos mesmos nos fornos. Ao contrário da olaria de Manfred Meyer, que se situava em suas próprias terras, muitas vezes a extração da argila era feita em terras do município, o que fez com que em 1895 a atividade fosse regulamentada. A Lei n. 130 de 23 de janeiro de 1895, que regulava a "extração de barro para cerâmica em terrenos municipais" e o "modo de concessão das respectivas licenças", também proibia "escavações nas várzeas do Catumby e Bom Retiro, bem como no bairro do Pary nos lugares altos que possam ser aproveitados para edificações". A proteção das terras edificáveis foi levada a cabo nos anos posteriores, e em 1913 proibiu-se a instalação das olarias próximo ao centro urbano (JORGE, 2006, p. 119).

Além da argila e da lenha extraída das várzeas, o rio era usado para a extração de areia e pedregulho, abastecendo o crescente mercado da construção civil da cidade. Diversas embarcações faziam o transporte não só dessas mercadorias, como de gêneros alimentícios cultivados pelos chacareiros e vendidos nos mercados e nas ruas da cidade. O rio também era importante fonte de subsistência para a população pobre dos bairros adjacentes, pois ali se pescava para a venda e para subsistência, e se trabalhava com carregamentos diversos. O número de embarcações registradas pela municipalidade expressa a importância do rio: em 1892 foram emplacadas quase duzentas embarcações para extração de areia e condução de tijolos; em 1922, pouco mais de 200 embarcações estavam registradas, para fins de pesca, transporte de materiais de construção e lenha, extração de areia, comunicação e recreio; em 1926 havia 712, e em 1940, "mesmo com as obras de retificação impedindo a navegação no Tietê entre a Penha e a Ponte Grande", havia cerca de 2.500 embarcações oficializadas (JORGE, 2006, p. 109-110; PINTO, 1994)

No Bom Retiro, as várzeas do Tietê foram usadas também para depósito de lixo e um emissário de esgotos. No final do século XIX, o material recolhido da cidade pela "Limpeza Pública" era descarregado a aproximadamente 200 metros da Avenida Tiradentes, na margem esquerda do Tietê. No mesmo local, a empresa responsável pelo serviço mantinha instalações como cocheiras, oficinas, habitações de empregados, veículos diversos, vassouras e outros utensílios (NÓBREGA, 1981, p. 94-95). O esgoto captado pelas redes instaladas na cidade também eram lançados no Tietê. Em 1924 eram 16 os emissários; um deles, que coletava esgotos dos bairros de Santa Ifigênia e Bom Retiro ficava em frente a este bairro, e era responsável por 3.642 prédios que descarregavam por dia aproximadamente 4.735 metros cúbicos de esgoto (BRITO, 1926, p. 182-183).

Mesmo não parecendo muito propícias a qualquer uso, pois eram "focos de mau cheiro, de moscas e pernilongos", devido aos "efluentes transportados pelas galerias existentes na foz do Tamanduateí, no Bom Retiro e na Ponte Pequena" (SANTOS, 1954, p. 481), as várzeas foram também foco da disputa de terras desde a conformação do bairro, no final do século XIX:

> De fato, a grilagem tornou-se prática comum na cidade de São Paulo a partir de fins do século 19 e atingiu fortemente as propriedades municipais localizadas nas várzeas dos rios, uma vastidão com limites e posses incertas. (JORGE, 2006, p. 51).

Em 1893, o fiscal de rios José Joaquim de Freitas, seguindo portaria do próprio intendente, que determinava a fiscalização das áreas públicas às margens dos rios, constatou que muitos terrenos pertencentes à Câmara eram ocupados irregularmente. Em 1896, o Intendente de Polícia e Higiene Municipal reclamava ter de

> providenciar sobre a invasão de terrenos municipais, tomando desforço imediato contra os atos de usurpação e posse que dia-a-dia se generalizam em diversos pontos da cidade, principalmente nas várzeas do Pary, Bom Retiro e Catumby.[4]

Por conta da constante luta do poder municipal "contra a usurpação de seus terrenos situados nas várzeas da cidade", eram comuns as ações da prefeitura na justiça pedindo a reintegração de posse, ou a certificação de posse de determinadas áreas. As ações eram movidas tanto contra grandes empresas quanto contra a população pobre. Em 1927, "das 96 ações judiciais movidas pela prefeitura pedindo a posse de terrenos invadidos, as mais importantes delas localizam-se em várzeas da cidade" (JORGE, 2006, p. 53).

No Bom Retiro, ações na justiça pela manutenção ou reintegração de posse de terrenos de várzea também ocorreram; uma delas é a que se refere ao terreno de Manoel Alves Garrido. Nas fichas de transações imobiliárias do Arquivo Aguirra consta o registro da venda de um terreno, em 1882, pelo Marquês e Marquesa de Três Rios para Augusto Garcia de Miranda; em 1905, esse terreno e mais 12 casas eram vendidas por este proprietário para Manoel Alves Garrido. Nesse mesmo ano, há o registro de uma solicitação de manutenção de posse de Manoel Alves Garrido contra a Fazenda do Estado, e a reivindicação de um terreno, por parte da Municipalidade de São Paulo, contra Joaquim Alves Garrido. Um mapa com a "Descripção da divisa do terreno de Manoel Alves Garrido" (Figuras III.2, III.3 e III.4) descreve que sua propriedade era bem menor do que o terreno que estava em sua posse.

---

4. Relatório apresentado a Camara Municipal de São Paulo pelo Intendente de Policia e Hygiêne Dr. João Alvares de Siqueira Bueno 1898. São Paulo: Imprensa da Casa Eclético, 1899, p. 124-125 *apud* JORGE, 2006: 52-53.

As indicações da ocupação das várzeas do Bom Retiro, para edificação, são dadas principalmente pela imprensa da época, ao noticiar as enchentes que várias vezes atingiram o bairro e prejudicaram principalmente a população pobre, que habitava as terras mais baixas. Em 1902, o *Correio Paulistano* noticiava a proporção das inundações no bairro:

> No Bom Retiro muitas ruas acham-se transformadas em canais que apresentam um aspecto pitoresco, lembrando as ruas dos bairros populosos de Veneza, com as suas canoas que as percorrem em todos os sentidos como único meio de comunicação. (…) Na rua Luiz Sérgio Thomaz todos os prédios estão inundados e dois deles ameaçam ruir. Numa dessas casas encontraram uma família, composta de Miguel Onarteri, de sua esposa Maria e de cinco filhos, Peppino de 15 anos, Giovanna de 12, Francisco de 7, Giacomo de 6 e Felippe de 3, que se acham quase sem recursos, e como a casa não é muito firme, o dr. Barros (subdelegado do Bom Retiro) deu providência para que sejam recolhidos provisoriamente ao posto policial.[5]

Figura III.2. Descrição da divisa do terreno de Manoel Alves Garrido.

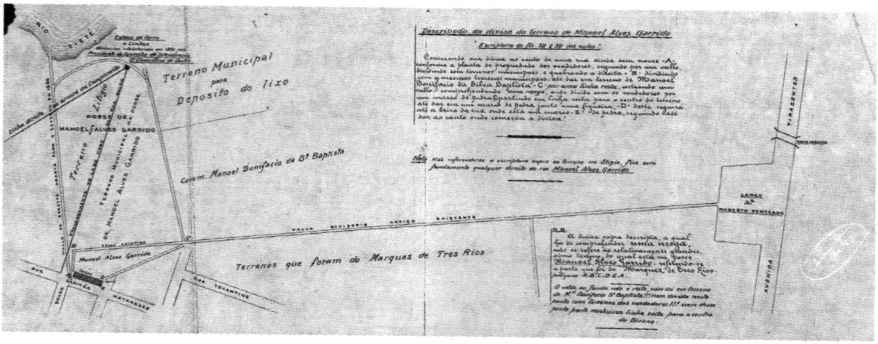

Fonte: Arquivo Aguirra do Museu Paulista da USP.

---

5. *Correio Paulistano*, 26/11/1902, citado por JORGE, 2006:173.

Figura III.3. Pormenor – Descrição da divisa do terreno de Manoel Alves Garrido.

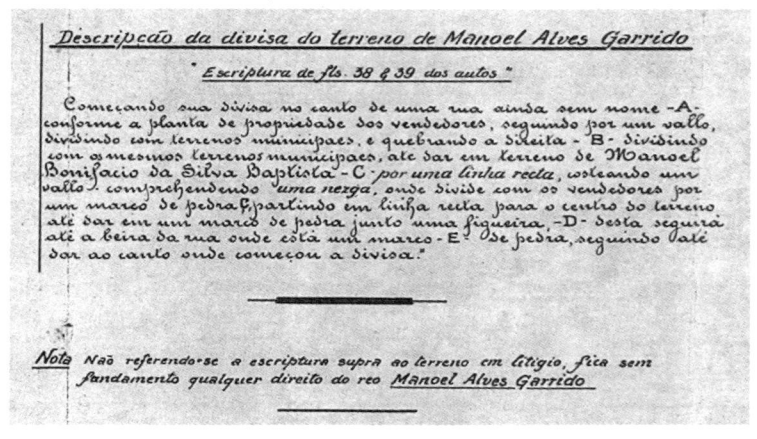

Fonte: Arquivo Aguirra do Museu Paulista da USP.

Figura III.4. Pormenor – Descrição da divisa do terreno de Manoel Alves Garrido.

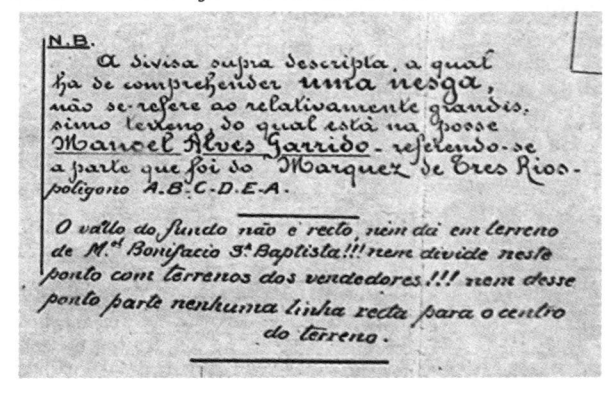

Fonte: Arquivo Aguirra do Museu Paulista da USP.

Em 1929, os moradores das várzeas se surpreenderam pelo volume de água nunca antes atingido:

> os moradores não se preocupavam, pois o máximo que o rio inundava era uma ponta da Rua Javaés e havia bastante chão entre essa ponta e a outra ponta da Rua Jaraguá. (…) No dia 17 de fevereiro os habitantes da Rua Jaraguá se viram ilhados em suas casas. Não havia memória de as águas terem chegado até ali antes, e mesmo os que se afoitaram a residir na Rua Javaés, sabendo do risco para esta última, foram colhidos de surprêsa. Esta rua ficou um extenso lençol de água do qual emergiam as casas e, na Rua Jaraguá nunca antes inundada, apenas alguns montículos de terra mais altos apontavam. Os bondes não puderam chegar ali e voltaram da Rua dos Italianos. (DERTÔNIO, 1971, p. 67).

A constância das inundações e a necessidade de extingui-las, para a urbanização das terras das várzeas, foi uma preocupação do governo provincial desde o século XVIII. Vários projetos e obras se sucederam desde então, mas somente na década de 1930 essas preocupações foram englobadas às propostas urbanísticas de Prestes Maia, fazendo com que, em seu governo, o Tietê fosse finalmente retificado. Contudo, dos primeiros projetos de saneamento das várzeas até a efetiva retificação do Tietê e urbanização de suas várzeas sucederam-se igualmente vários discursos e objetivos.

2. Canalização dos rios e córregos: saneamento, embelezamento… e incremento do mercado de terras na capital

A canalização dos rios surgiu como necessidade premente ainda no final do século XVIII, com o duplo objetivo de sanear a cidade e acabar com o insulamento provocado pelas cheias. Inicialmente, os discursos apontavam o recurso da canalização como meio de retificar o percurso sinuoso dos rios, saneando a cidade e extinguindo inúmeras lagoas que, formadas durante as cheias, transformavam-se em criadouro de mosquitos que infectavam a cidade e transmitiam doenças (BRITO, 1926; SILVA, 1950; NOBREGA, 198?). Ao longo de todo o século XIX até os dias atuais, foi sendo incorporado a esse discurso a necessidade de ganho das terras de várzea para a cidade, e a canalização continuou como o principal recurso utilizado para controlar a vazão dos rios e córregos, direcionar suas águas e drenar as várzeas, tornando-as urbanizadas (SEABRA, 1987; CUSTODIO, 2001).

A primeira obra no sentido de sanear a cidade foi a abertura de valados de escoamento em um trecho do Tamanduateí e a retificação de outro, ainda no final do século XVIII, autorizada pelo capitão-general Francisco da Cunha Menezes. Com a persistência das inundações, atribuída então às obras realizadas, tais canais foram fechados, a mando de outro capitão-general e sob reivindicação dos munícipes, em 1805. Em 1821 foi planejado pelo engenheiro Pedro Arbues Moreira um novo sistema de drenagem da várzea, que não foi realizado, e em 1834 foram limpas e desobstruídas as várzeas. Em 1841 foram elaborados novos estudos pelo engenheiro Carlos Abraão Bresser, a mando do presidente da província, Conselheiro Miguel de Souza Melo e Alvim, cujas obras se iniciaram somente em 1848. Dos estudos e providências que se sucederam, "sempre incompletos", foram exceções as obras de drenagem das várzeas do Carmo e de São Bento, empreendidas no governo de João Teodoro Xavier. Em 1883 novas propostas foram elaboradas, e pela primeira vez se estendia a necessidade das obras, até então no âmbito do Tamanduateí, ao rio Tietê. Em 1887 novos estudos foram solicitados por Visconde de Parnaíba, de maneira que os regimes dos dois rios, Tamanduateí e Tietê, fossem considerados, chegando-se à conclusão da necessidade de retificação dos mesmos. (NÓBREGA, 1944, p. 189-190)

Mas foi somente no final do século XIX, com a autonomia e maiores recursos adquiridos pela província após a instituição da República, que os estudos voltados para o saneamento dos rios ganharam força e novos sentidos. Eram projetos orientados "tanto por critérios técnico-científicos como mercantis" e procuravam "garantir o saneamento da cidade, o seu abastecimento de água e energia elétrica e incorporar as várzeas dos rios paulistanos à área urbana, transformando-as em logradouros públicos ou espaço negociável no mercado de terras" (JORGE, 2006, p. 47, 55).

Além disso, as terras de várzea, que ganharam nova dinâmica de ocupação com a instalação da rede ferroviária, adquiriam crescente valorização mercantil, e o crescimento da cidade abria a perspectiva de grandes negócios com essas terras, que podiam ser valorizadas repentinamente por obras públicas (CUSTODIO, 2001, p. 101). É nesse período, pós instalação da ferrovia, que a urbanização do Bom Retiro tem início.

Em 1890 foi criada a "Comissão de Saneamento das Várzeas", tendo como chefes os engenheiros Theodoro Sampaio e Paula Souza. Dois anos depois, essa comissão daria lugar à Comissão de Saneamento do Estado, desta vez liderada pelo engenheiro João Pereira Ferraz. Esta comissão propôs, na capital, a retificação do Tietê, com a abertura do Canal de Osasco, que ia dessa localidade até a Ponte Grande. A abertura do canal foi iniciada em 1893, mas ficou inconclusa. Por determinação desta comissão foram abertos também o canal do Anastácio, com 620 metros, e o de Inhaúmas, com 1200m, e foi desobstruído o leito do rio Tietê entre os quilômetros 16 e 18 da Estrada de Ferro Sorocabana. Por conta da comissão, também tiveram início as obras de retificação do Tamanduateí, no mesmo trecho que começara a sofrer intervenções ainda no século XVIII. (SILVA, 1950, p. 38-39; JORGE, 2006, p. 31, 47)

Em 1897, entretanto, a Comissão de Saneamento das Várzeas foi paralisada, pela falta de "condições de suportar o dispêndio delas resultantes", e no ano seguinte, a comissão foi dissolvida (SILVA, 1950, p. 39, citado por JORGE, 2006, p. 34). Em 1911, um novo projeto propunha ações que iam no sentido de integrar o rio à cidade. O "Projeto preliminar de Melhoramentos do Vale do Rio Tietê entre a Penha e Lapa", além da retificação de pequenos trechos do rio e supressão das grandes curvas, propunha a construção de uma hidrovia, a instalação de um cais no Tamanduateí e a criação de "parques para a regalia da população dos diversos bairros banhados pelo Tietê – Penha, Belenzinho, Bom Retiro, Barra Funda, Água Branca e Lapa".[6]

Os desentendimentos entre o município e o Estado, que não chegavam a um acordo sobre de quem seria a competência dos estudos e obras do Tietê, fazendo com que vários projetos se sucedessem sem sucesso, tiveram fim em 1923, com a Lei nº 2.644 de 30 de agosto de 1923. Através dela, a prefeitura incumbia o engenheiro Francisco Saturnino de Brito para "proceder aos estudos para a canalisação e regularisação do rio Tietê, confeccionando o projecto geral e orçamento das obras e executar". No ano seguinte a Comissão de Melhoramentos do Tietê iniciaria seus trabalhos, cujos objetivos gerais já estavam estabelecidos na lei de 1923:

---

6.   Tomás, Elaine. *O Tietê, o Higienismo e as Transformações na Cidade de São Paulo (1890-1930)*. Florianópolis: Dissertação de Mestrado, Centro de Filosofia e Ciências Humanas da Universidade Federal de Santa Catarina, 1996, p. 122, 127 *Apud* JORGE, 2006: 61.

não só de canalisação do rio, para se evitarem inundações, mas
também de regular a navegação e o lançamento dos exgottos
da cidade de São Paulo, inclusive os trabalhos de beneficia-
mento dos terrenos marginaes do patrimonio Municipal e
dos particulares (citado por SILVA, 1950, p. 44-45).

Em 1925 o relatório da comissão é apresentado ao prefeito Firmiano Pinto e
no ano seguinte publicado. O projeto de Saturnino de Brito, além da retificação
do rio, ampliação da calha e criação de barragens, reservatórios e aterros como
meio de combater as inundações, retomava a proposta de criação de áreas verdes
ao longo do rio para uso da população dos bairros adjacentes, o replantio da mata
ciliar no trecho urbano e a abertura de dois lagos na altura da Ponte Grande, que
forneceria material para os aterros, ajudaria a regularizar as águas do Tietê e também seriam usados para recreação da população. Propunha o deslocamento das
linhas férreas (S.P. Railway e E.F. Sorocabana) para a margem esquerda do rio, que
seriam transpostas por viadutos. Previa a urbanização das várzeas através da construção de avenidas laterais e pontes, recomendando à prefeitura que elaborasse um
plano de arruamentos e trabalhasse de forma cooperativa com o governo estadual.
Recomendava, ademais, a discriminação dos terrenos públicos e particulares como
forma de evitar que, com a valorização dessas áreas, os terrenos municipais fossem
invadidos. (BRITO, 1926)

Em 1928, essa comissão passou a ser chefiada por Ulhoa Cintra, que introduziu
mudanças conceituais no projeto:

o canal projetado, ao invés de chegar somente até a ponte da então São Paulo Railway, alcançaria Osasco; entre
a Ponte Pequena e Guarulhos, em lugar de comportas,
haveria um canal de declividade uniforme; o perigo das
enchentes seria evitado através do aprofundamento do
canal, em vez de processar-se ao aterro da várzea; e, finalmente, em lugar de preocupar-se com a navegação

> do rio, o projeto Ulhoa Cintra previu a construção de avenidas marginais (Santos, 1958, p. 57).

O projeto de Ulhoa Cintra passou a ser implantado somente a partir de 1940, na gestão de Francisco Prestes Maia, com algumas pequenas alterações (Santos, 1958). Ao mesmo tempo em que se iniciava a retificação do Tietê, eram executadas na cidade várias obras viárias do Plano de Avenidas,[7] iniciadas na gestão anterior, de Fábio da Silva Prado (1934 a 1938): foram alargadas as avenidas Senador Queiroz e São Luiz, aberta a avenida Ipiranga, concluídas as diametrais Nove de Julho (continuação da avenida Anhangabaú), Tiradentes e Rebouças. Foram feitos os remanejamentos no Largo do Piques, do Arouche, Vale do Anhangabaú, praças Patriarca e da República e Parque D. Pedro. Sobre o rio Tietê foi erguida a Ponte Grande, também chamada de Ponte das Bandeiras (Bosetti, 2002).

O projeto de Ulhoa Cintra para o rio Tietê respondia em parte às aspirações de Prestes Maia presentes no "Estudo de um Plano de Avenidas", de 1930, principalmente no que se refere à modernização da cidade através da ênfase na circulação automobilística: as várzeas dos rios cederiam lugar a amplas avenidas. Por outro lado, o "Estudo" de Prestes Maia parecia incorporar, para as várzeas do Tietê, algumas da recomendações de Saturnino de Brito e mesmo de projetos anteriores relativos à retificação. A aquarela da Figura III.5 mostra dois tipos de lagos no eixo da Ponte das Bandeiras, farta arborização nas vias marginais e a presença de embarcações ao longo do rio, muito similar às propostas de Saturnino de Brito, de 1925.

---

7   O Plano de Avenidas, desenvolvido na administração de José Pires do Rio (1926-1930), foi consequência de um programa de estudo que se iniciara em 1924, por João Florence de Ulhôa Cintra e Francisco Prestes Maia. Ainda neste ano, e até 1926, o Boletim do Instituto de Engenharia publicou vários artigos em que os autores – Ulhôa Cintra e Prestes Maia – expunham o "programa de estudo" sob o título "Um problema atual. Os grandes melhoramentos de São Paulo" (Toledo, 1996). O estudo completo, entretanto, seria publicado em 1930 a pedido do prefeito, e o título seria substituído por "Estudo de um Plano de Avenidas para a Cidade de São Paulo".

**Figura III.5. Proposta de Urbanização para as margens do Tietê.
Aquarela de Prestes Maia.**

Fonte: MAIA, 1930.

Além disso, assim como sugeria Saturnino de Brito, o estudo de Prestes Maia propunha a relocação das vias férreas para junto das avenidas marginais do rio Tietê, a criação de parques ao longo do rio com usos diversos e até mesmo o uso dos rios para navegação. As áreas desocupadas com a remoção dos trilhos, estações, pátios e oficinas comporiam uma espécie de cinturão e "seriam aproveitadas em sua maior parte para uma grande avenida circular, espécie de boulevard exterior e para uma ou duas radiais." (MAIA, 1930, p. 164), enquanto as várzeas dos rios Tietê e Pinheiros serviriam bem mais que somente à circulação e distribuição do tráfego. Além de se configurarem como "parkways", elas eram vistas por Prestes Maia como uma vasta gama de possibilidades:

> As possibilidades estheticas e utilitárias das nossas duas grandes avenidas fluviaes são infinitas. Conjunctos monumentaes, parkways, paizagismo, installações esportivas, circulação rápida, linhas de alta velocidade, navegação, vias férreas, caes, industrias etc., são matéria vastíssima e interconnexa, apenas entrevista pela maioria dos munícipes.

> Assim considerada, e não como mera obra de drenagem, a canalização pode tornar-se um elemento importante de urbanização. (MAIA, 1930, p. 130)

Como proposta de urbanização das áreas de várzea, Prestes Maia sugeria a implantação de habitação operária, junto às zonas industriais:

> As obras do Tietê, onde a Municipalidade possue uma área disponível regular, poderá ser opportunidade para o exemplo official de habitações populares. Se a relocação das estradas de ferro tiver logar, a remoção das industrias do Braz e doutros pontos poderá coincidir com uma tentativa de cidades-jardins (segundo a definição moderna). Como medida preliminar pode-se pleitear, deante dos poderes superiores, a legislação adequada, as facilidades de credito e o plano regional. (MAIA, 1930, p. 318)

Contudo, as obras do Plano de Avenidas, iniciadas na década de 1930, e as de retificação do rio Tietê, iniciadas em 1940 na gestão de Prestes Maia, pouco tiveram do "plano de conjunto" contido no Estudo de um Plano de Avenidas, fazendo jus somente à "intenção de ampliar o centro, descentralizar as atividades de comércio e integrar o sistema viário ao de transportes e circulação da cidade",[8] na visão do então Diretor de Obras e Viação da Prefeitura de São Paulo.

---

8. Nas palavras de Arthur Saboya, então diretor de Obras e Viação da Prefeitura de São Paulo, o trabalho do "Plano de Avenidas" para a cidade de São Paulo, como o seu próprio título indica, trata simplesmente do "estudo de um plano de avenidas para completar o sistema de viação da cidade de São Paulo". Para Prestes Maia, contudo, apesar da publicação ter se originado "de um estudo para ligação de diversas avenidas e logradouros, que a Prefeitura projectava (…) os primeiros approches ao problema mostraram a conveniência dum prospecto mais amplo. (…) São pois as primícias do trabalho, resumidas para o público, que enchem as páginas seguintes. Não procurar nellas um desses `planos de conjuncto' ao sabor da época, que

As medidas do poder público para a urbanização das várzeas, no Bom Retiro, se deram através da promulgação de decretos e leis de melhoramentos viários. Entre 1946 e 1952, foram promulgados quatro decretos e uma lei aprovando o Plano de Urbanização do Rio Tietê, o Plano de Prolongamento da rua Neves de Carvalho, o Plano de Abertura da Avenida do Rio Tietê e Avenida do Estado, e declarações de utilidade pública de imóveis necessários ao alargamento das ruas Sérgio Tomaz e dos imóveis situados entre a Rua Três Rios e a Ponte das Bandeiras. São eles:

> 1. Decreto nº 880, de 6 de julho de 1946 – Declara de utilidade pública os imóveis necessários ao alargamento das ruas Lusitânia e Sérgio Tomaz.
>
> 2. Decreto nº 1.141, de 11 de maio de 1950 – Aprova o plano de urbanização de uma área da várzea do Tietê.
>
> 3. Decreto nº 1.449, de 18 de outubro de 1951 – Revigora a declaração de utilidade pública dos imóveis situados entre a rua Três Rios e a Ponte das Bandeiras.
>
> 4. Decreto nº 1.574, de 6 de janeiro de 1952 – Aprova o plano de prolongamento da rua Neves de Carvalho, entre a rua Sérgio Tomaz e a Avenida Marginal do Tietê.
>
> 5. Lei nº 4.285, de 17 de setembro de 1952 – Aprova o plano de abertura da avenida entre o rio Tietê e a avenida do Estado e dá outras providências.

Esses planos nada mais eram que a continuidade do traçado do bairro em direção à futura marginal do rio, conforme mostra o Mapa 16, e a abertura de uma via que uniria a futura marginal à Avenida do Estado (Mapa 17). No entanto, até 1954 nenhum dos planos a que se referiam os decretos havia sido executado, e a completa urbanização das várzeas do Tietê só foi ocorrer de fato após a abertura das vias marginais na década de 1960 (AMADIO, 2004). Antes da construção das marginais e da execução desses

alguns jornaes annunciaram, mas apenas uma concepção da cidade e a orientação, que a nosso ver deve presidir ao seu desenvolvimento". Ver MAIA, 1930, p. III, IX.

"melhoramentos viários", a ocupação das terras de várzea no Bom Retiro correu à mercê das leis do mercado de terras.

Mapa 16. Mapeamento das Leis e Decretos de melhoramentos viários relativos ao Bom Retiro – 1930 a 1954

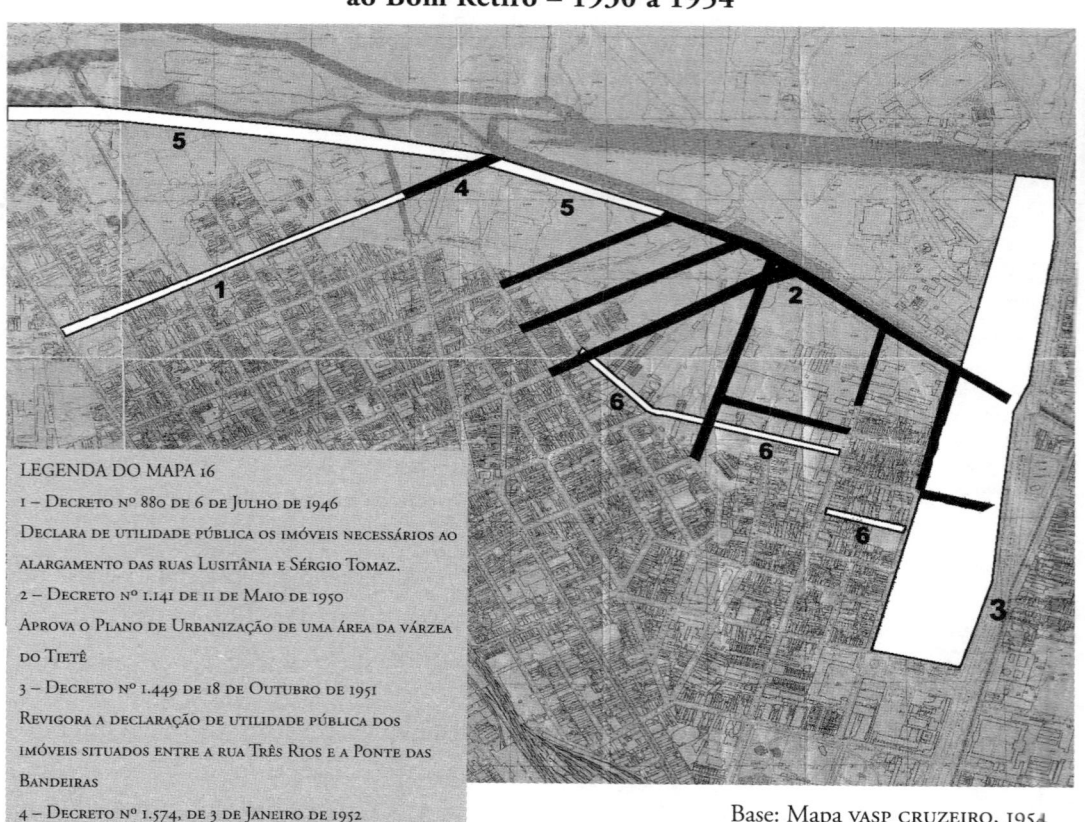

LEGENDA DO MAPA 16

1 – Decreto nº 880 de 6 de Julho de 1946
Declara de utilidade pública os imóveis necessários ao alargamento das ruas Lusitânia e Sérgio Tomaz.

2 – Decreto nº 1.141 de 11 de Maio de 1950
Aprova o Plano de Urbanização de uma área da várzea do Tietê

3 – Decreto nº 1.449 de 18 de Outubro de 1951
Revigora a declaração de utilidade pública dos imóveis situados entre a rua Três Rios e a Ponte das Bandeiras

4 – Decreto nº 1.574, de 3 de Janeiro de 1952
Aprova o plano de prolongamento da rua Neves de Carvalho, entre a rua Sérgio Tomaz e a Avenida Marginal do Tietê.

5 – Lei nº 4.285, de 17 de Setembro de 1952.
Aprova o plano de abertura da avenida entre o rio Tietê e a avenida do Estado e dá outras providências

6 – Planos executados

Base: Mapa VASP CRUZEIRO, 1954

Mapa 17. Planta genérica de valores de terrenos situados nas zonas urbanas e suburbanas do município aprovada pelo Decreto 2066 de 27/12/1952. Setor 19 – Bom Retiro (parte)

Fonte: *Diário Oficial do Estado de São Paulo*, 01/03/1953.

A urbanização que se iniciava e a crescente valorização desses terrenos fazia com que se criasse grandes expectativas para essas áreas, como a colocada por Morse (1970, p. 358) em 1954:[9]

> Esta área deve ser na verdade chamada o centro da cidade moderna, tal como se deu no século passado com o pequeno Triângulo (...) A alta dos terrenos, os programas de urbanização e a canalização gradual do Tietê estão levando paulatinamente a um aproveitamento mais amplo de terrenos.

Mas as terras de várzea ainda eram, em 1953, as mais baratas do bairro do Bom Retiro. A "planta genérica de valores de terrenos", aprovada pelo decreto municipal nº 2066, de 27 de dezembro de 1952, estabelecia para os terrenos situados nas várzeas valores entre 100 e 300 cruzeiros, enquanto para a rua José Paulino estes valores atingiam 2.500 cruzeiros. Os terrenos das várzeas no Bom Retiro tinham os mesmos valores que os de alguns bairros periféricos, como Indianápolis e Penha, e valores bem inferiores aos dos terrenos de outros bairros centrais industriais, como Brás, Mooca, Barra Funda e Pari, nos quais os menores valores eram respectivamente 700, 700, 200 e 800 cruzeiros, e os maiores 3500 no Brás, 1200 na Mooca, 3000 na Barra Funda e 3500 cruzeiros no Pari.

O processo de urbanização em curso ainda gerava conflitos de terras e de usos. Um registro que mostra o conflito de terras entre municipalidade e particulares, nas várzeas do Tietê no Bom Retiro, é datado de 04/10/1954, através de um comunicado da Seção de Guarda de Imóveis da Prefeitura sobre o "mandato de usucapião que em 03/06/54 move a municipalidade contra as Indústrias Motmano e outros".[10]

Os conflitos de uso se davam pelo choque entre grandes e pequenos proprietários e outras organizações locais que reivindicavam as terras das várzeas no Bom Retiro. Em 1954, o "Grêmio Esportivo Bola Preta" solicitava "concessão de área municipal" na

---

9.   A data que apresentamos é a da edição da publicação consultada, no entanto, os estudos foram desenvolvidos pelo autor em 1954.

10.   Fichas de abertura de processos da Rua Mamoré, 04/10/1954. Arquivo Municipal de Processos da Prefeitura Municipal de São Paulo.

rua Matarazzo.[11] Provavelmente a área seria destinada à instalação de um campo de futebol. Nesse sentido, essa solicitação pode expressar a resistência de certos usos buscando a permanência em terras tradicionalmente bastante usadas para esse fim, contra a urbanização que proveria a área de outros usos, principalmente o habitacional. Vale ressaltar que a introdução do futebol no Brasil deu-se primeiramente no Bom Retiro, na Chácara Dulley, em 1894, pelo filho do engenheiro proprietário da chácara, Charles John Dulley que, tendo estudado na Inglaterra, onde o esporte já era bastante difundido, criou no Bom Retiro o São Paulo Atletic Club (SPAC). Em 1910 surgiria também no Bom Retiro um time de futebol operário, o Sport Club Corinthians Paulista, fundado pelo alfaiate Miguel Bataglia. Em 1954, no mapa VASP Cruzeiro (Figura III.1), destaca-se a presença de sete campos de futebol na várzea do Tietê no bairro.

Outros usos tradicionais das várzeas do Bom Retiro, os menos nobres, como o depósito de lixo, também se confrontavam com a urbanização que se iniciava. Em 1954, a Imobiliária Bom Retiro Ltda. entrava com solicitação junto à Prefeitura para a "suspensão da descarga de lixo" no prolongamento da rua Matarazzo,[12] mostrando que até a década de 1950 esse uso ali persistia.

Esses usos próprios de terrenos de várzea foram paulatinamente dando lugar à urbanização até se extinguirem por completo. No entanto, foi um processo relativamente lento, pois ainda na década de 1950 as várzeas se destacavam como desprovidas de urbanização, embora esse processo já tivesse sido iniciado:

> As várzeas deixam de ser manchas brancas no mapa: as obras de retificação do Tietê contribuem para o seu saneamento, em breve deixarão de ser o refúgio de uma população um tanto à margem dos quadros normais: já não são o domínio exclusivo dos moleques fanáticos do futebol ou dos oleiros: a colonização urbana vai tirar-

---

11. Fichas de abertura de processos da Rua Matarazzo, 04/10/1954. Arquivo Municipal de Processos da Prefeitura Municipal de São Paulo.

12. Fichas de abertura de processos da Rua Matarazzo, 18/02/1954. Arquivo Municipal de Processos da Prefeitura Municipal de São Paulo.

lhes o encanto duvidoso que lembrava a um parisiense
o dos terrenos das velhas fortificações da Cidade-Luz.
(MONBEIG, 1958, p. 192)

3. A urbanização da várzea do Tietê no Bom Retiro: Rua "com todos os melhoramentos"?

No ano de 1954, conforme representado no mapa Vasp Cruzeiro (Figura III.1), o bairro já havia avançado o tecido urbano em direção às várzeas, através do prolongamento da rua Visconde de Taunay, a oeste, e da abertura das ruas Matarazzo, a nordeste, Cristino Tomaz, Salesópolis, Doracy, Gemias e Guaripocaba a oeste. O que também se nota pelo mapa, contudo, é uma urbanização ainda incompleta, com edificações precedendo a urbanização, ruas sem meio-fio e ainda não pavimentadas, e um sem-número de caminhos aleatórios, entre valos, lagoas e campos de futebol.

Embora certos anúncios imobiliários publicados no período anunciassem a área como dotada de serviços urbanos, não é o que se verifica nos mapas. É o caso dos anúncios das vilas Adoração e Irradiação. Neles, é dado destaque para a infraestrutura da área: "Todos os melhoramentos – Água – Luz – Esgoto e Calçamento", no primeiro, e "Sobrados Modernos, com todos os melhoramentos – água + luz + esgoto + calçamento" no segundo. No entanto, no mapa Vasp Cruzeiro (Figura III.6), a rua Adoração, onde se localiza a vila de mesmo nome, aparece representada apenas com meio-fio em frente às edificações, e a rua Irradiação nem se apresenta como tal, sendo representada apenas como "caminho indefinido".

Figura III.6. Urbanização da Vila Adoração e Vila Irradiação e Legenda do Mapa.

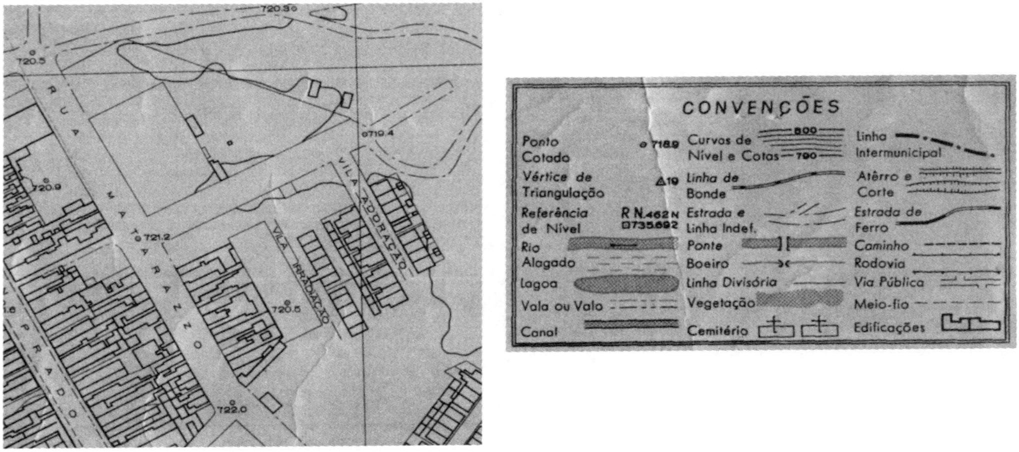

Fonte: Pormenor do Mapa VASP Cruzeiro, 1954.

A mesma situação ocorre para as ruas Matarazzo e prolongamento da Mamoré. A primeira não apresenta meio-fio em toda sua extensão, só é bem definida no seu lado sul, sendo o lado da várzea representada pela linha de "caminho indefinido". As edificações faziam limite diretamente com a rua, não havendo passeios, e as ruas perpendiculares que se iniciavam nela davam todas para terrenos desocupados da várzea. No prolongamento da rua Mamoré ocorria o mesmo: a rua não tinha calçamento, meio-fio ou passeio; conformava com as ruas Joaquim Murtinho, Tocantins e Coruja uma quadra de formato irregular que era adentrada pela rua Júlio Conceição, que também terminava de forma indefinida, sem calçamento.

Dertônio (1971, p. 73-75) descreve que a rua Mamoré, no início do século, mesmo sem calçamento tinha

muitas casas operárias, principalmente do lado ímpar, o que dá para o centro da cidade, enquanto que, do outro lado, rumo ao rio, as casas eram escassas e havia muitos desbarrancados conservados sem vegetação pelas constantes erosões das águas das chuvas.

Na data em que escreve, a rua contava com o calçamento "de macacos", mas continuava pouco urbanizada: "se mantém, hoje, mais ou menos, como estava então. Muitas casas ainda datam de 50 ou 60 anos atrás, ficando nela como um marco dentro da evolução da desvairada pauliceia".

Figura III.7. Anúncio de Venda Vila Adoração, Bom Retiro.

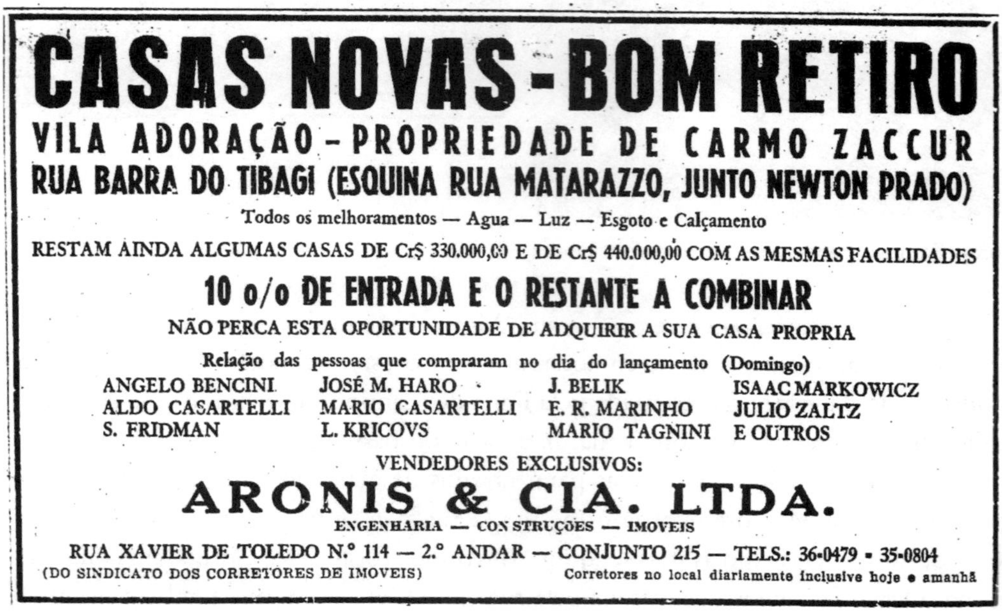

CASAS NOVAS - BOM RETIRO

VILA ADORAÇÃO - PROPRIEDADE DE CARMO ZACCUR

RUA BARRA DO TIBAGI (ESQUINA RUA MATARAZZO, JUNTO NEWTON PRADO)

Todos os melhoramentos — Agua — Luz — Esgoto e Calçamento

RESTAM AINDA ALGUMAS CASAS DE Cr$ 330.000,00 E DE Cr$ 440.000,00 COM AS MESMAS FACILIDADES

10 o/o DE ENTRADA E O RESTANTE A COMBINAR

NÃO PERCA ESTA OPORTUNIDADE DE ADQUIRIR A SUA CASA PROPRIA

Relação das pessoas que compraram no dia do lançamento (Domingo)

ANGELO BENCINI	JOSÉ M. HARO	J. BELIK	ISAAC MARKOWICZ
ALDO CASARTELLI	MARIO CASARTELLI	E. R. MARINHO	JULIO ZALTZ
S. FRIDMAN	L. KRICOVS	MARIO TAGNINI	E OUTROS

VENDEDORES EXCLUSIVOS:

ARONIS & CIA. LTDA.

ENGENHARIA — CONSTRUÇÕES — IMOVEIS

RUA XAVIER DE TOLEDO N.° 114 — 2.° ANDAR — CONJUNTO 215 — TELS.: 36-0479 - 35-0804

(DO SINDICATO DOS CORRETORES DE IMOVEIS) Corretores no local diariamente inclusive hoje e amanhã

Fonte: *O Estado de S. Paulo*, 16/11/1952.

Figura III.8. Anúncio de Venda Vila Irradiação, Bom Retiro.

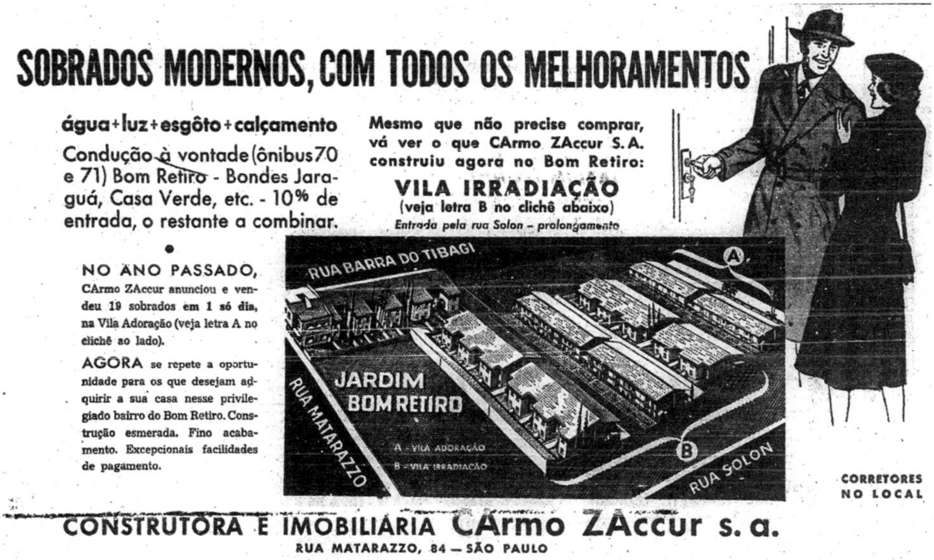

Fonte: *O Estado de S. Paulo*, 01/03/1953.

Assim, é pouco provável que o mapa apresentasse um equívoco em relação a esses componentes da urbanização, embora esta hipótese não possa ser totalmente descartada.[13] Outros dados também revelam a urbanização incipiente das áreas de várzea no bairro. No ano de 1954, foram abertos cinco processos, junto à prefeitura, de munícipes solicitando urbanização das ruas Matarazzo e Mamoré. Em abril, Luiz Bergher entrava com solicitação de calçamento para a rua Mamoré. Em novembro, Nicolau Mazza e outros abaixo assinados faziam a mesma solicitação. No mesmo

---

13. Uma incompatibilidade que há entre o mapa e os dados levantados, é o traçado do rio Tietê representado no mapa, entre o canal do Tamanduateí e a Avenida Rudge. O histórico de Elina Santos (1958:58) referente à retificação do rio apresenta o período de 1940 a 1942 como o das obras de retificação do rio entre a Ponte Grande e a Casa Verde. O mapa Vasp Cruzeiro mostra o canal do rio já alterado nesta data, em relação ao desenho de 1930 (Mapa Sara Brasil), no entanto ainda sem a conformação atual.

ano, em julho, José de Santi representava uma lista de abaixo assinados solicitando que a prefeitura intimasse os proprietários a construírem passeio na rua Matarazzo; em novembro os mesmos solicitantes pediam o nivelamento da rua. Ainda em relação à rua Matarazzo, em agosto de 1954 Tuffy Antonio Hajjar e outros abaixo assinados solicitavam abertura de rua no local.[14]

Essas solicitações apontam para relações conflituosas entre municipalidade, proprietários e inquilinos no processo de ocupação das várzeas no Bom Retiro, relações que se deram em muitas partes da cidade de São Paulo. O engenheiro Saturnino de Brito, em 1926, fazia menção que a ocupação das várzeas do Tietê era muitas vezes feita sem consciência e por pessoas que foram "iludidas" ao comprar terrenos nessas áreas: "são poucas as casas dos que se aventuram conscientemente à moradia em terrenos frequentemente inundaveis e dos que foram illudidos na compra de lotes destes terrenos para habitações" (BRITO, 1926, p. 126).

No entanto, é provável que ao destacar a presença de "todos os melhoramentos" nessas áreas, os anúncios buscavam enfatizar muito mais uma qualidade do bairro que das ruas onde os imóveis estavam situados. Por terem sido as primeiras áreas a serem loteadas com o crescimento da cidade no final do século XIX, os bairros adjacentes ao centro também foram os primeiros a receberem melhorias urbanas, como calçamento, água encanada, luz e esgoto, e a serem servidos por meios de transportes. Boa parte do Bom Retiro, ainda no final do século XIX, já dispunha de serviço de água e esgotos (Mapas 18 e 19), galerias de drenagem de águas pluviais (Mapa 20), ruas calçadas, iluminação a gás (SANTOS, 2000, p. 82, 85) e serviço de bondes elétricos em 1900. (DERTÔNIO, 1971, p. 36).

---

14.   Fichas de abertura de processos das ruas Mamoré e Matarazzo, ano de 1954. Arquivo Municipal de Processos da Prefeitura Municipal de São Paulo.

Mapa 18. Bom Retiro – Cadastro dos prédios servidos de esgotos pela Repartição Técnica de água e esgotos em 1894.

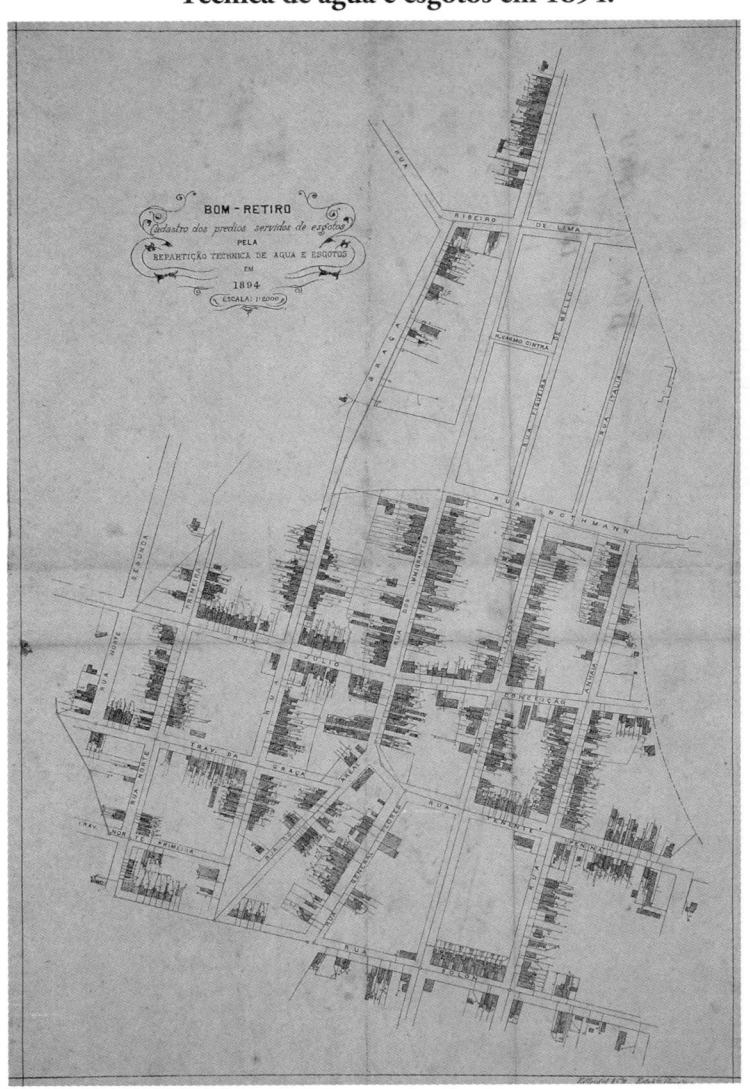

Fonte: Museu Paulista da USP.

Mapa 19. Planta Geral da Cidade de São Paulo com as redes de água e esgotos existentes em 1894.

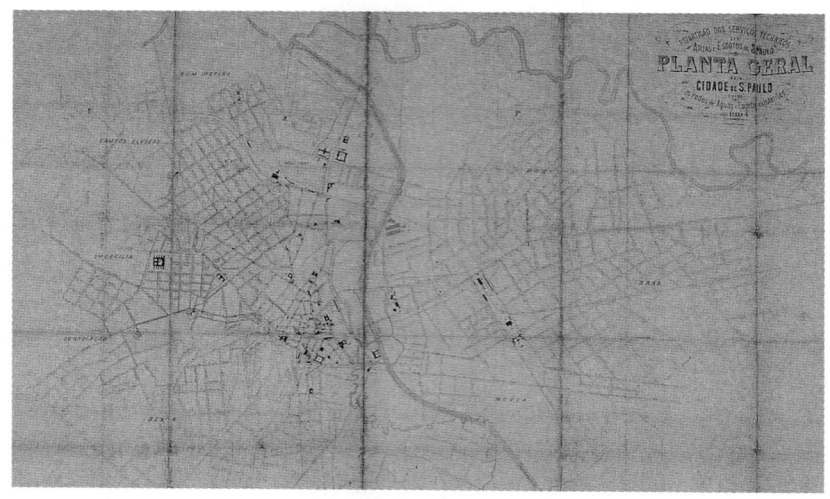

Fonte: Museu Paulista da USP.

Mapa 20. Galerias de águas pluviais e drenagem do solo construídas em 1893 e 1894 nos bairros do Bom Retiro e Sta. Ifigênia.

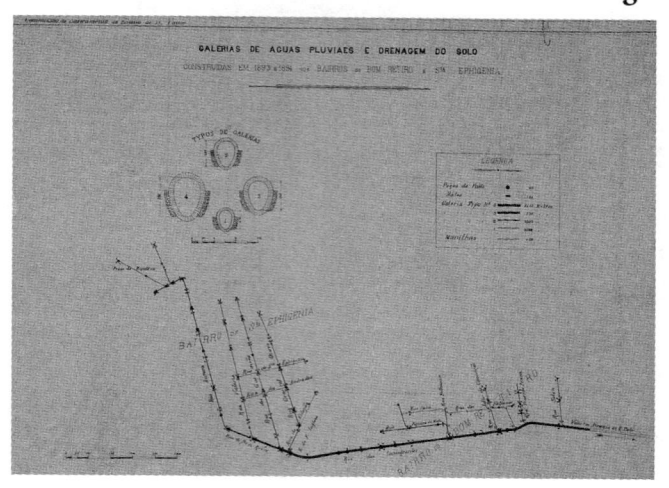

Fonte: Museu Paulista da USP.

Além disso, o destaque para a presença de infraestrutura e serviços públicos poderia ser colocado como uma vantagem desses imóveis no Bom Retiro, em contraposição aos lotes e residências da periferia da cidade, que constituíam uma vasta oferta nesse momento, vendidos a preços mais baixos devido à urbanização precária (BONDUKI, 1998). Ainda que no Bom Retiro houvessem áreas menos urbanizadas, a retificação do Tietê valorizou essas áreas; assim, o bairro no conjunto mostrava inúmeras vantagens em relação à presença não só de infraestrutura como também de serviços públicos urbanos, vantagens que os anúncios imobiliários souberam muito bem explorar.

4. Várzea: a área "mais residencial" do bairro

O processo de ocupação das várzeas no Bom Retiro, impulsionado pela retificação do rio Tietê, embora tenha se dado de maneira ainda tímida em 1954, acentuou as diferenças do bairro entre duas áreas: a área mais antiga como mais comercial e mais próxima ao centro, e a área de urbanização mais recente como mais residencial e pertencente aos terrenos mais baixos do bairro.

Como vimos no capítulo II, diferentes dinâmicas ocorreram no processo de compactação do bairro na área já urbanizada em 1930: aumentos na área menos compacta, e na área já consolidada, reformas, substituição das edificações e rearranjos fundiários com consequente verticalização. Vimos também como a proximidade da área central, o percurso dos bondes, a valorização dos terrenos e o processo de verticalização, e a própria topografia do bairro contribuíram para a definição cada vez mais clara de duas áreas no bairro, entre as quais se contrapunham tipologias de edificação, usos e perfis populacionais.

Do ponto de vista das estruturas físicas, a diferença entre áreas do bairro começou a ser evidenciada devido à conquista das várzeas, por um lado, e à influência da área central, por outro. Mendes (1958, p. 204-205) detectou esses movimentos e os processos pelos quais se evidenciava:

> (...) em primeiro lugar, a penetração dos arranha-céus residenciais, sobretudo na Rua Prates e vizinhanças; em

> segundo lugar, a recente conquista da várzea pelo bairro, através do prolongamento de muitas de suas ruas e a ligação com a várzea da Barra Funda, no trecho servido pela Avenida Rudge (...) vem resultando uma certa separação entre as duas porções do bairro – a que se localiza nas colinas (com suas fábricas, oficinas, casas de comércio, população israelita) e a que se expande pela várzea do Tietê (com população de nível de vida bem mais modesto)

Na década de 1940, o tipo predominante de imóvel comercializado nessas ruas eram os terrenos, o que mostra que ainda era pouco edificada. Na década seguinte, prevaleceram os anúncios de sobrados ou casas térreas. Esses dados ilustram o processo de ocupação das várzeas, estimulado pela retificação do rio Tietê, bem como a característica dessa ocupação: horizontal e para fins residenciais.

Também nessa década os anúncios começam a fazer referência à localização dos imóveis como situados na área "mais comercial" ou "mais residencial", indicando a polaridade cada vez mais evidente do bairro. Em contraposição aos anúncios que destacavam a localização do imóvel na "zona mais comercial do Bom Retiro" que, como mostramos no capítulo II, referiam-se aos arredores da rua José Paulino, e àqueles que se referiam a terrenos de maiores dimensões, usados principalmente para fins industriais, os anúncios que destacavam a localização do imóvel "no ponto mais residencial do Bom Retiro" referiam-se às ruas recém-abertas nas várzeas, ou que faziam limite a essas áreas.

Figura III.9. Anúncio de sobrado na Rua Capitão Matarazzo, Bom Retiro.

Fonte: *O Estado de S. Paulo*, 01/02/1953, p. 30.

A partir da década de 1950 tornam-se comuns os anúncios de imóveis no Bom Retiro referentes a pequenos conjuntos habitacionais, destacando o local ou como "ponto residencial" do bairro, ou como "local de grande futuro". Geralmente, as unidades eram vendidas através de financiamento.

Figura III.10. Anúncio de sobrado na Rua Capitão Matarazzo, Bom Retiro.

BOM RETIRO

10 anos de financiamento — Cr$ 7.400,50 n ensais — Rua Neves de Carvalho, 190 a 200 — Apenas 4 sobrados em local de grande futuro e farta condução, contendo cada: sala, 2 amplos dormitorios, terraço, banheiro, cozinha, quintal etc. Preço: Cr- 720.000,00 cada. — Esc. Waldemar Mesquita — Inf. inclusive domingos — Fones: 33-3332 — 33-5813 e 33-3323.

Fonte: *O Estado de S. Paulo*, 02/02/1958, p. 37.

A "Carta da estrutura e funcionalidade das edificações do Bom Retiro: Casa e Sobrado" (Figura II.20), elaborada por Santos (2000) mostra o absoluto predomínio de edificações com fins residenciais nas áreas urbanizadas após a retificação do rio Tietê. (Figura III.1). Diferindo da característica predominante do bairro – o da mescla de funções no mesmo edifício, como moradia e oficina, moradia e comércio, indústria ou serviço – a ocupação das várzeas deu-se com o predomínio do uso residencial. Conforme mostra o mapa Vasp Cruzeiro, de 1954, mesmo sem a execução dos planos de urbanização das várzeas do Tietê, previstos em lei, várias vilas habitacionais já estavam construídas nessa data: a noroeste do bairro – nas ruas perpendiculares à avenida Rudge, e no prolongamento da rua Visconde de Taunay – e a nordeste, no prolongamento das ruas Mamoré, Sólon, Barra do Tibagi e na nova rua Matarazzo.

A expansão do bairro para a várzea, após a retificação do rio Tietê, deu-se como uma extensão do traçado viário existente, cujas características permaneceram. Nessa área continuou prevalecendo a ocupação por uma população mais pobre; as expectativas colocadas sobre a urbanização das várzeas não chegaram a se concretizar e, mesmo após a retificação do Tietê e abertura das marginais, essa área continuou sendo a menos valorizada do bairro. Por outro lado, a urbanização dessas áreas introduziu uma nova característica, predominante nessa área e incomum nos outros setores do bairro: a de ser predominantemente residencial, contrapondo-se à mescla de usos, nos lotes e nas edificações, fortemente presente em todo o bairro antes da expansão para a várzea.

IV – Proprietários e profissionais no processo de transformação do bairro

1. O primeiro ciclo de transferência de propriedades: loteamentos e multiplicação de proprietários

Como vimos nos capítulos anteriores, as transformações do Bom Retiro entre os anos de 1930 e 1954 estiveram em sintonia com as ocorridas na cidade de São Paulo, porém com algumas especificidades: na parte mais próxima do centro, o elevado número de reformas, os remembramentos de lotes e a verticalização, para as pequenas indústrias de confecções e prédios de apartamentos com comércio no térreo; na parte mais próxima da várzea, os aumentos e desmembramentos de lotes para acomodação de grupos residenciais, cortiços e galpões para pequenas indústrias e oficinas; nas áreas de várzea ocupadas após a retificação do Tietê, os novos arruamentos e a construção de vilas residenciais. Esses diferentes processos estiveram, em grande medida, relacionados aos proprietários dos imóveis e às atividades econômicas por eles desenvolvidas.

Às transformações da parte mais próxima do centro – arredores da rua José Paulino e rua Prates – correspondeu a instalação das indústrias e comércio de confecções. Foi nessa área do bairro que se instalaram os imigrantes judeus e que desenvolveram aí essas atividades, além de marcarem a paisagem dessa área do bairro com a fundação de sinagogas, instituições de auxílio, lojas de alimentos específicos. Por sua vez, a área mais próxima da várzea, menos valorizada, continuou abrigando uma população mais modesta, em geral os descendentes dos primeiros imigrantes italianos, que desenvolviam atividades industriais diversas muitas vezes nos espaços contíguos à moradia. Já a área de várzea urbanizada após a retificação do Tietê foi tomada predominantemente por empreendimentos de vilas habitacionais, construídas por empresas formadas para este fim.

O primeiro grande processo de transferência de propriedades e desconcentração fundiária no Bom Retiro ocorreu no momento de formação do bairro, ou seja, quando as chácaras aí existentes foram loteadas. A partir da análise dos dados levantados no Arquivo Aguirra, referentes a transações imobiliárias (compra e venda, hipoteca, edital de praça e inventário), podemos observar que nesse momento foi predominante a compra de lotes por imigrantes italianos, portugueses e espanhóis. As transações envolvendo imigrantes italianos se intensificam nas primeiras décadas do século XX e se mantém até a década de 1940 em todo o bairro, exceto na área mais próxima do centro – ruas José Paulino, Prates e Ribeiro de Lima – onde ocorre um processo massivo de transferência de propriedades de imigrantes italianos para imigrantes judeus.

A partir dos dados levantados no Arquivo Municipal de Processos, podemos observar que, associados aos proprietários dos imóveis, estiveram sempre profissionais, construtores ou engenheiros formados pelas escolas Politécnica da USP e Mackenzie, filhos de imigrantes italianos, filhos de judeus chegados no início do século e judeus vindos para São Paulo a partir da década de 1930, escritórios técnicos e construtoras. Esses diversos profissionais atuaram em todos os tipos de obras – reformas, aumentos, novas construções – e por todo o bairro, com exceção das construtoras, que atuaram predominantemente nas ruas José Paulino e Prates.

Embora muitos estudos ressaltem a ação isolada de proprietários no loteamento do cinturão de chácaras e constituição dos bairros centrais (HOMEM, 1980; LANGENBUCH, 1971; MONBEIG, 1958; PRADO JÚNIOR, 1983), outros, como os de Nestor Reis (2000), Barbosa (1987), Lérias (1988) e Sampaio (1994), conforme ressalta Mônica Brito (2000, p. 2-3 e 6), apontam para

a existência de uma intensa atividade de adequação material dos núcleos urbanos no Brasil, inclusive na cidade de São Paulo, bem como uma significativa participação da iniciativa privada nesse processo, seja na instalação de infraestrutura, na implementação de planos modeladores, na abertura de loteamentos, na construção de habitações ou no provimento da cidade com equipamentos adequados a uma vivência urbana dentro de padrões considerados modernos e civilizados. Assim, a atividade urbanizadora é (...) vista como atividade empresarial mais ampla, uma opção para a acumulação de capital, como as ferrovias ou a indústria, entre outras.

Nesse sentido se enquadra a atividade dos loteadores das chácaras do Bom Retiro. O estudo de Brito (2000) mostra que Manfred Mayer, o principal loteador do bairro, além de proprietário das terras e dono da primeira olaria da cidade (DERTÔNIO, 1971, p. 12), no Bom Retiro, era acionista de sociedades anônimas voltadas a atividades de urbanização, como a Cia. Iniciadora Paulistana, A Cia. Água e Luz do Estado de São Paulo e a Cia. São Paulo Hotel. Conforme revela a pesquisa de Brito (2000, p. 19 e 26), a Cia. Iniciadora Paulistana foi instalada em 1891 e tinha como objeto social loteamentos, fabricação de telhas e tijolos, produção de féculas, óleos vegetais e álcool. Também eram seus acionistas Victor Nothmann, Samuel Augusto das Neves, Eduardo Vautier, Martinho Burchard e Cícero Bastos. A Cia. São Paulo Hotel, instalada no mesmo ano, tinha por objeto implantar serviços de hotelaria e construir uma vila habitacional. A Cia. Água e Luz do Estado de São Paulo, de 1890, tinha vários acionistas, como Victor Nothmann, Cícero Bastos, Burchard, Lins de Vasconcelos e Albuquerque Lins, e como objetos sociais:

(...) Instalação e exploração por conta própria ou alheia da iluminação pública e particular, pela eletricidade ou qualquer outro meio conveniente às cidades, vilas, fábricas e estabelecimentos industriais, dentro ou fora do Estado de São Paulo; (...) aplicação da eletricidade às indústrias; (...) abastecimento de água potável a povoações deste e outros Estados, sendo as respectivas instalações

> de conta própria ou alheia; (…) execução de obras de saneamento de cidades e vilas (…) (BRITO, 2000, p. 26)

A exemplo de vários outros "empresários, homens públicos e proprietários fundiários", listados pela autora, Manfred Mayer atuou tanto no loteamento de terras quanto em atividades urbanizadoras e na construção civil. O anúncio seguinte mostra que junto com Jules Martin, Manfred Mayer participava da construção de edificações, com materiais produzidos em sua própria olaria:

> (…) A olaria do Bom Retiro, fabricando boa parte do material (…) encarrega-se de edificar casas e chalets nestes terrenos ou em quaisquer outros (…). A planta dos terrenos, bem como alguns projetos de casas, acham-se expostos com o Sr. Jules Martin à Rua de S. Bento (…) (DERTÔNIO, s.d: 37 citado por BRITO, 2000, p. 40)

Há indícios de que as edificações construídas por Manfred Mayer no Bom Retiro fossem alugadas e que teriam atraído imigrantes judeus para o bairro. Ida Coulicoff Gotlieb[1] relata que os judeus que chegaram a São Paulo no final do século XIX e início do XX foram morar no Bom Retiro atraídos por aluguéis baratos das propriedades de Manfred Mayer, que também era judeu:

> (…) os judeus só vinham morar no Bom Retiro (…) porque tinha um senhor que chamava-se Manfredo Meyer o qual era judeu e construiu uma vila de casas e as alugava a um preço baratíssimo, e algumas pessoas não podiam pagar e ele não cobrava nada!

---

1. Depoimento de Ida Coulicoff Gotlieb. Trecho de entrevista realizada em 20 de julho de 1995. In: FREIDENSON, Marilia e BECKER, Gaby (orgs.) Passagem para a América. Relatos da imigração judaica em São Paulo. São Paulo: Arquivo do Estado/Imprensa Oficial, 2003, pgs. 55.

A venda e permuta de terrenos por Manfred Mayer aparece nos registros do Arquivo Aguirra a partir do ano de 1881. Das 82 transações levantadas, referentes às ruas Anhaia, dos Italianos, José Paulino, Javaés, Ribeiro de Lima, Barra do Tibagi, Prates, Newton Prado, Mamoré, Matarazzo e Sérgio Thomaz, Manfred Mayer aparece envolvido em 43 transações relativas a imóveis nas cinco primeiras ruas, no período de 1881 a 1899, conforme mostra a Tabela IV.1.

Os dados do Arquivo Aguirra, sistematizados na tabela IV.1 apontam para uma grande atividade imobiliária ocorrida no final do século XIX na área do Bom Retiro, que teve como característica a subdivisão das áreas das chácaras e a desconcentração de propriedades. Se na coluna "envolvido 1" identifica-se apenas 37 proprietários vendendo imóveis, na coluna "envolvido 2", correspondente aos compradores, eles somam 77. Como vendedores, além de Manfred Mayer se repetem os nomes do Marquês e Marquesa de Três Rios, relativos a venda de terrenos na rua Prates e os de José Fernandes Pinto e Rita da Silva Pinto, como vendedores de três terrenos também nessa rua. Como comprador, repete-se somente o nome de Narcizo Augusto de Moraes, que adquiriu terrenos nas ruas Prates e José Paulino.

Nesse momento em que o bairro estava sendo formado, o que se observa é uma intensa comercialização de terrenos, correspondendo a 77% das transações. Verifica-se também que alguns proprietários que adquiriram imóveis no final do século XIX estavam vendendo os mesmos alguns anos depois. É o caso de Orestes Piza, que adquiriu um terreno na rua Anhaia em 1897 e aparece como vendedor de um terreno nessa mesma rua, no mesmo ano; e o de Francisco Barone, que aparece como comprador de um terreno na rua Ribeiro de Lima, em 1896, e como vendedor de uma casa na mesma rua, em 1898. Os terrenos comprados começavam também a ser desmembrados: em 1895, João Isola e Emilio Frugolli aparecem como compradores de uma casa na rua Ribeiro de Lima, e em 1898 há o registro de uma "divisão de terras" envolvendo João Isola, Emilio Frugolli e Augusto Frugolli. Além disso, observa-se a aquisição de imóveis entre membros de mesma família, como essa transação entre dois "Frugolli", e a venda de terreno na rua Anhaia, em 1894, feita de Balbina Rose de Camargo para Deolinda Lut de Camargo.

As primeiras transmissões de imóveis no Bom Retiro ocorreram predominantemente para italianos, portugueses e espanhóis. Nas duas primeiras décadas do século XX, o envolvimento de italianos nas transações se intensifica, inclusive como vendedores de imóveis, e permanece intenso até a década de 1940 para a maioria das ruas levantadas, exceto para as ruas José Paulino, Prates e Ribeiro de Lima, para as quais ocorre a transferência de propriedades para imigrantes judeus.

Além do predomínio de nomes italianos nas transações imobiliárias, os dados do Arquivo Aguirra revelam a rápida ocupação dos lotes. Enquanto entre os anos de 1881 e 1899 ocorreram para as ruas levantadas 63 transações relativas a terrenos e 19 relativas a casas, entre os anos de 1900 e 1929 (Tabela IV.2) essa situação se inverte: ocorreram 30 transações relativas a terrenos e 111 relativas a casas. A cartografia disponível sobre o Bom Retiro também mostra que esses lotes foram rapidamente edificados, pois em 1894, significativa parte do que veio a ser o bairro já apresentava vários lotes com construções, e todos eles, inclusive, servidos de rede de esgoto (ver Mapa 18). Essa velocidade de ocupação oscilou entre as ruas levantadas.

Tabela IV.1. Venda e Permuta de imóveis no Bom Retiro, 1881 a 1899.

Data	Rua	nº	Tipo de transação	Vendedor	Comprador
30/04/1881	José Paulino		venda terreno	Manfred Mayer/ Eloísa Isabel Mayer	Narcizo Augusto de Moraes
24/02/1882	Anhaia	s/n	venda terreno	Manfred Mayer	Françoise Lafore
15/11/1889	Prates	s/n	venda terreno	Marques e Marquesa de Três Rios	Francisca Georgina Martins
22/06/1891	Anhaia	37	venda terreno	Silvio Alpina	Cremi de Angelo
14/09/1891	Prates	s/n	venda terreno	Ana Francisca da Silva Monteiro de B...	Narcizo Augusto de Moraes
14/09/1891	Prates	s/n	venda terreno	José Fernandes Pinto e Rita Silva Pinto	José Agustinho da Silva

14/09/1891	Prates	s/n	venda terreno	José Fernandes Pinto e Rita Silva Pinto	Narcizo Augusto de Moraes
16/11/1891	Anhaia	s/n	venda terreno	Manfred Mayer	Andre Perella
24/01/1891	Prates	esq. Guarani	venda terreno	Marques e Marquesa de Três Rios	José Francisco Oliveira
21/06/1892	Anhaia	s/n	venda terreno	Manfred Mayer	João Henrique Eugelbanlt
02/07/1892	Anhaia	s/n	venda terreno	Lapon Vianth	Liberto Roman
20/08/1892	Prates	s/n	venda terreno	José Fernandes Pinto e Rita Silva Pinto	Manuel Tavares da Costa
10/03/1893	Anhaia	7,9	venda casa	José (…) Ferreira	Julio Gomes Alvim Barroso e Gumercindo Campos
19/03/1893	Anhaia	55	venda casa	José Francisco Cruz	Caetano D'Angeli
09/11/1893	Ribeiro de Lima	3	venda casa	Antonio Roberto e Luzia Italiano	Francisco Marcelino de Candelassi
02/03/1894	Anhaia	s/n	venda terreno	Manfred Mayer	Felice de Petti
09/04/1894	Anhaia	s/n	venda terreno	Manfred Mayer	Emygdio Campanela
10/04/1894	Anhaia	s/n	venda terreno	Manfred Mayer	Constantino de Jorge
12/04/1894	Anhaia	s/n	venda terreno	Manfred Mayer	Rocco de Chiano
09/06/1894	Anhaia	9 e 11	venda casa	Julio Gomes de Alvim Barroso	Gumercindo Ferreira Anhaia
06/07/1894	Anhaia	s/n	venda terreno	Manfred Mayer	José Maria Mourão
29/09/1894	Anhaia	s/n	venda terreno	Manfred Mayer	Manuel da Costa Galante
04/10/1894	Anhaia	s/n	venda terreno	Balbina Rose de Camargo	Deolinda Lut de Camargo
12/10/1894	Anhaia	s/n	venda terreno	Manfred Mayer	Antonio Lubracco
10/12/1894	Anhaia	01/03/2005	venda terreno	José (…) Ferreira	Angelo Gonçalvez
15/05/1895	Anhaia	esq. F. Penna	venda terreno	Domingues Bento Correa	José Joaquim Correa

02/09/1895	Anhaia	5	venda casa	Angelo Gonçalvez	Manoel Vasquez
09/12/1895	Ribeiro de Lima	5-7-7A esq. Imigrantes	venda casa	Joaquim Manoel de (...) Pinto	João Isola e Emilio Frugoli
21/01/1896	Anhaia	s/n	venda terreno	Manuel da Costa Galante	José Amario
11/03/1896	Anhaia	s/n	venda terreno	Manfred Mayer	Manoel Peres Garcia
11/04/1896	Anhaia	s/n	venda terreno	Manfred Mayer	Circulo de São José Pres. Antonio Mendes da Costa
24/04/1896	Anhaia	s/n	venda terreno	Manfred Mayer	Belini Grimalha e Luiz Guinalia
11/05/1896	Anhaia	s/n	venda terreno	Manfred Mayer	José Maria Mourão
11/05/1896	Anhaia	s/n	venda terreno	Manfred Mayer	Anna Rosa Domingues
12/06/1896	Ribeiro de Lima	s/n	venda terreno	Manfred Mayer/ Eloísa Isabel Mayer	Francisco Barone e Vicente Pena
10/09/1896	Anhaia	s/n	venda terreno	Manfred Mayer	Carleti Luigi
14/11/1896	Ribeiro de Lima	s/n	venda terreno	Manfred Mayer/ Eloísa Isabel Mayer	Nuno Rodrigues Liberado
20/01/1897	Anhaia	s/n	venda terreno	Manfred Mayer	Orestes Piza
20/01/1897	Anhaia	75	edital de praça de olaria	Bento Fernandez Picarra	Catharina Engelhardt
10/03/1897	Anhaia	esquina Javaés	venda terreno	Manfred Mayer	Andre Perrech
10/03/1897	Anhaia	27	venda casa	Pedro Francisco de Jesus	Francisco da Costa

11/03/1897	Anhaia	s/n	venda terreno	Manfred Mayer	Alexandre de Baptista
17/03/1897	Anhaia	s/n	venda terreno	Manfred Mayer	Garabeth Pedro
26/04/1897	Ribeiro de Lima	s/n	venda terreno	Manfred Mayer/ Eloísa Isabel Mayer	Manoel Gonçalves Freire
28/06/1897	Anhaia	s/n	venda terreno	Manfred Mayer	Ranieri Guidi, Umberto Guidi e Guido Guidi
28/06/1897	Anhaia	s/n	venda terreno	Antonio Labrasco	Antonio Bove
30/06/1897	Anhaia	53	venda casa	Felice Gentil	Macolim Serafim
10/08/1897	Anhaia	s/n	venda terreno	Ana Roza Domingues	José Maria (...)
19/10/1897	Javaés	s/n	venda terreno	Manfred Mayer/ Eloísa Isabel Mayer	Vicentini Baptista
19/10/1897	Javaés	s/n	venda terreno	Manfred Mayer/ Eloísa Isabel Mayer	Meneguetti Victorio
10/11/1897	Javaés	8	venda terreno	Germano Palazo	Antonio Roberto, Armenio Roberto, Salvador
19/11/1897	Italianos	10	edital de praça casa	Manoel Godinho Mendes	Antonio Medeiros Beatriz
12/1897	Ribeiro de Lima	s/n	venda terreno	João Pari e Avelina Rampareli	J. Colodral (...)

11/12/1897	Anhaia	s/n	venda terreno	Manfred Mayer	Giovanni Della Nova
14/12/1897	Javaés	s/n	venda terreno	Manfred Mayer/ Eloísa Isabel Mayer	Miguel de Agostinho
20/12/1897	Anhaia	s/n	venda terreno	Orestes Piza e Julia Pantaleone	Girolamo de Lucca
07/01/1898	Mamoré	s/n	venda terreno	Domingos José da Costa	Franco Benigno
24/01/1898	Ribeiro de Lima	s/n	venda terra	Manoel José Fernandes	Camilo (...)
09/03/1898	Javaés	s/n	venda terreno	Manfred Mayer/ Eloísa Isabel Mayer	Otaviano Rigliani
08/06/1898	Italianos	142	venda terreno	Manfred Mayer	Antonio de Petz de Miguel
19/06/1898	Anhaia	s/n	venda terreno	Manfred Mayer	Angela de Hypolito
21/06/1898	Anhaia	s/n	permuta terreno	Manfred Mayer	Daniel Lazzareschi e Augusta Lazareschi e Felipe Roselpim
26/06/1898	Javaés	s/n	permuta terreno	Manfred Mayer/ Eloísa Isabel Mayer	Daniel Lazzareschi e Felice Rosalquio
13/09/1898	Anhaia	s/n	venda terreno	Manfred Mayer	Antonio Francisco Dantas
02/12/1898	Anhaia	s/n	venda terreno	Manfred Mayer	Lucia de Camilles
02/12/1898	Italianos	72	permuta casa	Manfred Mayer	Lucia de Camilles

07/12/1898	Javaés	s/n	venda terreno	Manfred Mayer/ Eloísa Isabel Mayer	Ferri Giuseppe
13/12/1898	Anhaia	s/n	venda terreno	Manfred Mayer	Rigotai Beniani
13/12/1898	Anhaia	s/n	venda terreno	Manfred Mayer	Rafaele Giovani
15/06/1898	Ribeiro de Lima	72	venda casa	Francisco Barone e Anunciata Pierre, Vicente Perche (…) Piazzi	Paolo Bernardo de Araújo
26/06/1898	Javaés	s/n	venda terreno	Vittorio Pretti	Fachinato Giuseppe
05/07/1898	Cap Matarazzo	44	doação casa	José Pereira Gomes	Manfredo Meyer
09/08/1898	Ribeiro de Lima	62 a 66	divisão de terras	João Isola e Emilio Frugolli	Emilio Frugolli e Augusto Frugolli
13/08/1898	Mamoré	9	venda casa	João (?) do Espírito Santo Gatto	Carlos Masetti
24/08/1898	Anhaia	101	edital de praça	Florinda Roza de Jesus	espolio de Joaquim Gonçalvez
19/04/1899	Anhaia	s/n	venda terreno	Manfred Mayer	Felice Pietro
10/05/1899	Italianos	24	venda casa	Eugenio de Azevedo Marques	Miguel Novadelli
17/05/1899	Anhaia	s/n	venda terreno	Manfred Mayer	Salvador Muri
23/05/1899	Mamoré	11	venda casa	Anna Rosa Guilhermina da Costa	Antonio da Costa Gomes

11/06/1899	Mamoré	6 e 8	venda casa	Frances Banigni	Raphael Ramacciotti
26/09/1899	Prates	12 a 18 esq. Guarani	edital de praça de 4 casas	Rodrigo da Costa Santos	Narciza Augusta de Neves e José Fernandes Pinto
21/11/1899	Cap Matarazzo	88	edital praça casa	Antonio Chirico	Sassi Nazareno

Fonte: Tabela organizada pela autora a partir do levantamento realizado nas fichas por ruas do Arquivo Aguirra – Museu Paulista da USP.

Na rua Anhaia, por exemplo, que no final do século XIX teve a maioria dos terrenos vendidos por Manfred Mayer, nos primeiros anos de 1900 já havia propriedades sendo repassadas através de inventários ou vendidas para italianos, por compradores que haviam adquirido propriedade anteriormente, conforme mostra a Tabela IV.2. Apesar da maioria das transações serem relativas a casas, ainda haviam terrenos sendo comercializados, ao contrário das ruas Mamoré e José Paulino, para as quais predominavam as transações relativas às casas, e diferente da rua Javaés, que teve ocupação mais tardia e onde até 1929 foram registradas somente transações de terrenos.

Tabela IV.2. Venda de imóveis no Bom Retiro, rua Anhaia, 1900 a 1929.

| Rua Anhaia | | | | | |
Data	Rua	Número	Tipo	Envolvido 1*	Envolvido 2**
14/08/1900	Anhaia	101	venda casa	Domingues Bento Correa	?
08/10/1900	Anhaia	s/n	venda casa	Girolamo de Lucca	Frizzo Virginio
20/04/1901	Anhaia	s/n	venda terreno	Manoel Peres Garcia	Ambrosia Bernarda dos Santos e Damaceno Rosa
09/09/1901	Anhaia	s/n	venda terreno	Manfred Mayer	Cyro Fanello
21/03/1902	Anhaia	01/03/2005	edital de praça	Banco de São Paulo	Manfred Mayer
20/10/1903	Anhaia	s/n	venda terreno	Francisco de Medeiros Graça	Menotti Nioleti
09/05/1904	Anhaia	27	venda terreno	Francisca A. Paes de Barros	Irmãos Falechi

17/12/1904	Anhaia	s/n	venda terreno	Antonio Bernardes dos Santos	Antonio Francisco Dantas
19/03/1905	Anhaia	53	inventario casa	João Romano	
1906	Anhaia	91	inventario	Adriano Floresbeth de Jesus	
11/01/1907	Anhaia	63	hipoteca casa	Nicolino d'Augusto e Domenica Menzi (devedor)	Miguel de Reenzo (credor)
1908	Anhaia	109	inventario casa	Felix di Petti	
20/10/1908	Anhaia	137-139	avaliação de casa	Alessandro Baptista	Salvador Ostoni
22/06/1909	Anhaia	s/n	venda de casa	Andrea Valenzi e Adelaide Valenzi	Carleti Carolina
07/10/1909	Anhaia	01/03/2005	venda casa	Diogo Rodrigues de Moraes	... Antonia de Lima...
31/01/1914	Anhaia	53	venda casa	Francisca de Macolim Graça	Thereza Frederico
28/02/1914	Anhaia	37	edital de praça prédio	Wilson Soares Cia Ltda	Paschoal Ceroni
13/04/1915	Anhaia	127	edital de praça	Americo Pardini	Bernardo Gianonni
22/01/1921	Anhaia	53	venda casa	Thereza Frederico	Felicio Mongolli
1925	Anhaia	61	inventario casa	Vittorio Romano Giovetta	
21/02/1926	Anhaia	esquina Javaés	venda terreno	Emygdio Campaelli	Accacio Francisco
03/09/1927	Anhaia	79	venda casa	Carlos (...) Junior	Portamano Prospero

* Envolvido 1: – vendedor, promovente, credor ou inventariado

** Envolvido 2: – comprador, penhorado, devedor ou inventariante

Fonte: Tabela organizada pela autora a partir do levantamento realizado nas fichas por ruas do Arquivo Aguirra – Museu Paulista da USP.

Tabela IV. 3. Venda de imóveis no Bom Retiro, rua Matarazzo, 1900 a 1929.

	rua Matarazzo ou Capitão Matarazzo				
Data	Rua	Número	Tipo	Envolvido 1*	Envolvido 2**
05/02/1902	Cap Matarazzo	65 67	venda casa	Thereza Carlete	Romualdo Dini
08/06/1902	Cap Matarazzo		edital praça terreno	William H. Reynoldi (promovente)	Manfredo Meyer (penhorado)
16/06/1902	Cap Matarazzo	103	edital praça terreno	Cassio Marcondes de Rezende (promovente)	Manfredo Meyer (penhorado)
20/09/1902	Cap Matarazzo	54	edital praça casa	Banco Francês do Brasil (promovente)	Manfredo Meyer (penhorado)
20/09/1902	Cap Matarazzo	54	edital praça casa	Banco Francês do Brasil (promovente)	Manfredo Meyer (penhorado)
24/11/1902	Cap Matarazzo		venda terreno	José Barbosa de Siqueira	Willian H. Reynold
05/03/1903	Cap Matarazzo	54	venda casa	Banque Français du Bresil	Anna Contaloli
24/11/1903	Cap Matarazzo		venda terreno	José Barbosa de Siqueira	Willian H. Reynold
18/07/1904	Cap Matarazzo	47	venda casa	Salvador Bataglia	Paulo Alberto Faria e Arthur Alberto Faria
25/10/1904	Cap Matarazzo	50	venda casa	José de Barros	Antonio Grecco
10/03/1905	Cap Matarazzo	83 a 91	inventário	Paschoal Cristel (invenariante)	

15/03/1905	Cap Matarazzo		venda terreno e 12 casas	Augusto Garcia de Miranda (vendedor)	Manuel Alves Garrido (comprador)
18/03/1905	Cap Matarazzo	88	inventário	Antonio Chirico (inventariado)	Carmella Gallo (inventariante)
25/03/1905	Cap Matarazzo		arrematação terreno	(ex ant) Jose Barbosa de Siqueira	(R) Manfredo Meyer
25/03/1905	Cap Matarazzo	25	venda casa	José Manora	José Cherigatto
02/04/1905	Cap Matarazzo	125	manutenção de posse	Manuel Alves Garrido (A)	Fazenda do Estado (R)
03/04/1905	Cap Matarazzo	6	inventário	Roque Scurcci	Maria Castelli
07/04/1905	Cap Matarazzo	150 e 152	venda predios	Manoel Francisco Foz	Joaquim Pinto Guedes
09/04/1905	Cap Matarazzo	127	inventário	Bernardo Turcato	Furlan Turcato
13/04/1905	Cap Matarazzo	119 121	inventário	Luiz Laurino	Luigi Grose Laurino
13/04/1905	Cap Matarazzo	115 a 119	inventário	Luiz Laurino	Luiza Giusa Laurino
11/06/1906	Cap Matarazzo	47	venda casa	Paulo Alberto de Faria	Arthur Alberto de Faria
11/06/1907	Cap Matarazzo		venda terreno	Amador da Cunha Bueno	Miguel Bueno
09/01/1909	Cap Matarazzo	53	venda casa	Arthur Alberto Faria	João Antonio Faria
04/03/1909	Cap Matarazzo		venda terreno	William H. Reynoldi	Ubaldo Mengoni
19/04/1909	Cap Matarazzo	129	venda casa	Frederico Boccini	Leonardo Rugi e Giacomo Rugi

19/05/1909	Cap Matarazzo		venda terreno	Ubaldo Mengoni	Antonio Rocetti
12/09/1911	Cap Matarazzo	105	venda sobrado	Cap. Eduardo Augusto da (?) Freire	Carolina Marrella e Salvador Telzoni
12/03/1913	Cap Matarazzo	40	doação casa	Jacob Fornazari	Attilio Fornazari
10/03/1914	Cap Matarazzo	43	venda casa (3)	Banco de São Paulo	Christian Cameris Ribeiro da Luz
02/07/1915	Cap Matarazzo	57	edital praça casa	João Augusto Atrio	João Francisco de Souza
04/09/1916	Cap Matarazzo	esq Barra Tibagy	venda terreno	Fabio Grazzinni	Victor Albieri
23/04/1918	Cap Matarazzo		edital de praça casa	Joaquim Domingues Ferreira	Espolio de Simão José da Costa
17/04/1920	Cap Matarazzo	146 148	venda casas (2)	José Pereira da Silva	José Augusto dos Santos
15/03/1921	Cap Matarazzo	104	venda casa	Vicente Mazza	Thereza Francozo
28/03/1923	Cap Matarazzo	89	venda casa	Joaquim Maria Correa	Offoriso Argoniz
24/04/1923	Cap Matarazzo	64	venda casa	Antonio Paucaro	Vicente Giamida
04/08/1925	Cap Matarazzo	61	venda casa	Joaquim Marques dos Santos	Roque, Antonio Genoveva e Eduardo
31/10/1925	Cap Matarazzo	142	venda casa	Amadeu Rossi	Vicente Scavoni
09/12/1925	Cap Matarazzo	15	venda casa	Braulio Pereira Nunes	Adelina Cipela Felipelli

10/06/1926	Cap Matarazzo	84	venda casa	Roza Cosentine Rivelli	Francisco de Chiaro e Paschoalina Adeve
12/11/1929	Cap Matarazzo	15	venda casa	Lervulo (?) Fernandez Roza	Humberto Sá de (?)

* Envolvido 1: – vendedor, promovente, credor ou inventariado

** Envolvido 2: – comprador, penhorado, devedor ou inventariante

Fonte: Tabela organizada pela autora a partir do levantamento realizado nas fichas por ruas do Arquivo Aguirra – Museu Paulista da USP.

Para a rua Matarazzo, uma das ruas que apresentou maior número de transações, os dados mostram que já era ocupada no início do século com construções, mesmo antes de ser urbanizada – pois, como vimos no capítulo III, a urbanização efetiva dessa área só ocorreu após a retificação do rio Tietê. Conforme mostra a Tabela IV.3., nessa rua são significativos os números de inventários e de editais de praça. Os primeiros mostram que diversas propriedades haviam sido adquiridas anteriormente, e os segundos sugerem a ocupação por população pobre, que hipotecou o imóvel e não conseguiu liquidar a dívida. A hipoteca de imóveis era prática comum no início do século; o terreno comprado era hipotecado como garantia de pagamento de empréstimo para construção da casa, que depois de construída era novamente hipotecada ou vendida, possibilitando ao operário o capital para estabelecimento de pequeno negócio familiar (LEMOS, 2002, p. 6). Essa prática explica o elevado número de hipotecas de terrenos e casas entre as transações imobiliárias, bem como o significativo número de editais de praça ou venda de imóveis por bancos.

Indústrias e instituições estavam também adquirindo imóveis para sua instalação no bairro. Na rua dos Italianos, por exemplo, há registro da compra de imóveis pela Companhia Antártica Paulista, indústria de bebidas que se instalou nessa rua anos antes, com o nome de Germânia. A Cia. Antártica Paulista, segundo registros do Arquivo Aguirra, era proprietária dos imóveis de número 22, 24, 26, 28 e 30 da rua dos Italianos, em 1917. Algumas instituições adquiram terrenos no bairro ainda no final do século XIX, como o Círculo de São José, que comprou terreno na rua Anhaia em 1896 (Tabela IV.1), e outras em 1912: a Previdência Caixa Paulista de Pensões, na rua Ribeiro de Lima, e a Fundação Paulista de Assistência à Infância, na rua Prates. Também há registro de propriedade da Caixa de Aposentadoria São Paulo Railway, na mesma rua.

Tabela IV.4. Venda de imóveis no Bom Retiro para Indústrias e Instituições, 1900 a 1929.

Data	Rua	Número	Tipo	Vendedor	Comprador
16/12/1911	Italianos	32	venda casa	Giovanni Banso	Cia Antartica Paulista
11/03/1912	Italianos	20	venda casa	Camil Misanchi	Cia Antartica Paulista
18/12/1923	Prates	esq. Ribeiro de Lima	venda terreno	Roberto Simonsen e Raquel C. Simonsen	Fundação Paulista de Assistência (Infância) por seu diretor Paulo Gastão Libone Pinto
27/07/1912	Ribeiro de Lima	14-16	venda terreno	Pedro (Arbues) da Silva, espólio	Previdência Caixa Paulista de Pensões

Fonte: Tabela organizada pela autora a partir do levantamento realizado nas fichas por ruas do Arquivo Aguirra – Museu Paulista da USP.

O primeiro ciclo de transferência de propriedades do Bom Retiro correspondeu à "desconcentração" fundiária e multiplicação de proprietários, processos em que os imigrantes estrangeiros estiveram envolvidos, tanto os proprietários das chácaras – como Manfred Mayer e Dulley – quanto os imigrantes portugueses, italianos e espanhóis que se instalaram no bairro no final do século XIX e início do XX. Após o período de "loteamento" do bairro, ou seja, décadas de 1880 e 1890, a presença de imigrantes, principalmente italianos, é uma constante no bairro, assim como a característica da não concentração fundiária. Essas características são elementos de permanência durante as décadas posteriores e ocorrerão por quase todo o bairro, exceto na parte mais próxima do centro, na qual um novo contingente – também de imigrantes estrangeiros – se instalará: os judeus vindos principalmente da Europa.

2. O segundo ciclo de transferência de propriedades: a demarcação de setores de proprietários italianos e de proprietários judeus

As primeiras transferências de propriedades de imigrantes italianos para imigrantes judeus acontecem no final dos anos de 1920 nas ruas José Paulino e Prates. Na rua Prates, a transação de "divisão e permuta de casa" ocorre entre membros da família Kulaif, em 1926. Na rua José Paulino, como podemos observar pela Tabela IV.5., ocorre, em 1929, a venda de uma casa de Silvestre Amato e Grazia Lateressa para Felipe e Esther Kauffman e, no mesmo ano, há o registro de duas transações para um mesmo imóvel – uma hipoteca e uma venda – envolvendo uma portuguesa, Ismenia Pereira Martins, e um casal judeu, Gasham Melzer e Elisa Melzer.

Tabela IV.5. Venda de imóveis no Bom Retiro, rua José Paulino, 1900 a 1929.

Rua José Paulino					
Data	Rua	Número	Tipo	Vendedor	Comprador
1915	José Paulino	127	inventário	Ignacio Miranda de Rezende	
1916	José Paulino	98	inventário	João (Lomatti)	Thereza (Lauvin)
30/04/1917	José Paulino	esq. Ribeiro de Lima	venda terreno	Antonio Augusto Martins Bassi	Angelino Belfiori
1918	José Paulino	56-58-62	inventário	Francisco de Sampaio Moreira	
12/08/1920	José Paulino	166	venda casa	Paschoal de Petta	Maria Antonia de Petti
15/02/1923	José Paulino	66	venda casa	João Santiago	José Torregrossa
23/10/1925	José Paulino	29	partilha sobrado	Donata Luccarolli Luigi	espolio de Sisto Speria
21/12/1926	José Paulino	179-181	divisão de casas	Domingos Ricci	Emilio Salvetti

31/01/1928	José Paulino	83	hipoteca casa	Ida Fannuchi	Emilio Salvetti
25/02/1928	José Paulino	179	venda casa	Antonio Salvatori	Emilia Salvatori
10/05/1928	José Paulino	179	venda casa	Antonio Salveti	Emilio Salvetti
4/06/1928	José Paulino	146 e 148	doação	Januário Sollito	filhos
18/04/1929	José Paulino	64	venda sobrado	Alberto Buonfiglolo e Luiza D'Alessio	Cyro D'Alessio e João Castelbianco
24/05/1929	José Paulino	74	venda casa	Silvestre Amato e Grazia La(terressa)	Felipe Kauffman e Esther Kauffman
01/10/1929	José Paulino	52	venda casa	Ismenia Pereira Martins	Gash(...) Melzer e Elisa Melzer
01/10/1929	José Paulino	52	hipoteca casa	Ismenia Pereira Martins (credor)	Gasham Melzer (devedor)
17/08/1926	Prates	10 e 12	divisão e permuta casa	Warol Kulaif	Antonio Kulaif e Valeria Kulaif

Fonte: Tabela organizada pela autora a partir do levantamento realizado nas fichas por ruas do Arquivo Aguirra – Museu Paulista da USP.

Segundo essa tabela, vemos que na década de 1920 alguns judeus já estavam adquirindo propriedades no bairro, nas ruas José Paulino e Prates: Felipe Kauffman e Esther Kauffman, Gash(...) Melzer e Elisa Melzer, Warol Kulaif, Antônio Kulaif e Valeria Kulaif. No entanto, somente na década de 1930 é que se intensifica a compra de imóveis por imigrantes judeus nessas três ruas, enquanto que para todas as outras levantadas permanecem predominantes as transações entre italianos. Entre 1930 e 1947 – data do último registro encontrado no Arquivo Aguirra – nas ruas José Paulino, Prates e Ribeiro de Lima, todas as transações envolveram nomes judeus, enquanto para as demais ruas levantadas, de 44 transações, somente em 3 aparecem nomes judeus, sendo que 2 delas referem-se ao mesmo nome (Sam Rabinovich). É o que observamos na Tabela IV.6.

Tabela IV.6. Comercialização de Imóveis no Bom Retiro, 1930 a 1947.

Data	Rua	Nº	Tipo de transação	Envolvido 1	Envolvido 2
				rua José Paulino	
1930	José Paulino	65 esq. Ribeira de Lima	inventário	Izaac Tabacow	Olga Tabacow
24/11/1930	José Paulino	62 e 62A	venda casa	Cyro D'Alessio e Carmem D'Alessio	(Aron) Schiwartz e (Alice) Schiwartz
20/01/1933	José Paulino	51	venda casa	Lourenço Frape Libchti	Auziel Lanemann
01/08/1933	José Paulino	74 ant. 82	venda casa	Shemaria Cabernite e Judith Cabernite	Bernardo Serson
14/05/1934	José Paulino	45 e 47	hipoteca casa	Companhia Tecelagem (…)São Bernardo	Sam Rabinovich e Wolf Rabinovich
01/10/1934	José Paulino	44	hipoteca casa	Luiz Wenstein	Fajval Slomki e Sarah Slomki
19/12/1934	José Paulino	32	venda casa	Antonio de Souza Campos	Sam Rabinovich
12/07/1935	José Paulino	6, 8 e 10	venda casa	Paulo Procopio de Araújo Carvalho	Sam Rabinovich
11/10/1935	José Paulino	31	venda casa	Dolores Vasques, Laura Gomes	Ismael Waismann
11/12/1935	José Paulino	27	venda casa	Carmo Bianco	Mayloch Wajechenberg
17/06/1936	José Paulino	27	hipoteca casa	Manoel de Oliveira Abrantes	Mayloch Wajechenberg
				rua Prates	
17/02/1932	Prates	72	hipoteca casa	Luiz Wainstein	Roza Zindorf
28/08/1935	Prates	74	venda casa	Orlando Della Nina e Leonor Della Nina	Chaim Luil Froymann e Sarah Froimann
01/09/1945	Prates	523	venda casa	Manoel Gomes Martins e Gregoria Candida Martins	Alexandre Suchodolski
				rua Ribeiro de Lima	
1930	Ribeiro de Lima	130-157	inventário	Izaac Tabacow	Olga Tabacow
18/08/1931	Ribeiro de Lima	70	venda casa	Leonardo Giraldi e Nicolas Giraldi, Vicente Giraldi	Elias Anstein
31/05/1932	Ribeiro de Lima	57-55	venda casa	Germano Maza e Gina Maza	Sam Rabinovich

22/10/1932	Ribeiro de Lima	55	meação parede casa	Sam Rabinovich e Woolf Rabinovich	José Baptista Júnior
14/05/1934	Ribeiro de Lima	55	hipoteca	Companhia Tecelagem (...) São Bernardo pelo diretor presidente Italo Setti	Sam Rabinovich e Wolf Rabinovich
29/10/1934	Ribeiro de Lima	57	venda casa	Fanny Tabacow Felmans e Abam Felmans	Sam Rabinovich
15/05/1935	Ribeiro de Lima	73	venda casa	Henrique Golenbeck e Cecilia Golenbeck	Majer (Wolt Irnifer)
17/09/1935	Ribeiro de Lima	59	venda casa	Francisco Lacano e Aurora Lacano	Sam Rabinovich

Fonte: Tabela organizada pela autora a partir do levantamento realizado nas fichas por ruas do Arquivo Aguirra – Museu Paulista da usp.

Nesse período, contrariamente ao que vinha ocorrendo até então, os dados apontam para o início de um processo de concentração fundiária: há dois nomes que aparecem envolvidos em mais de uma transação, um de italiano, Roque Sollitto, e outro de um judeu, Sam Rabinovich. Algumas escassas informações que encontramos sobre esses proprietários, permitiram identificar que eram moradores do bairro e que desenvolviam atividades de produção: Sam Rabinovich, proprietário de imóveis nas ruas dos Italianos, Javaés, José Paulino (3 imóveis) e Ribeiro de Lima (3 imóveis), era pequeno industrial que possuía uma fábrica de guarda-chuvas.[2] A família Sollitto possuía um estabelecimento na rua Ribeiro de Lima que produzia e importava queijos e derivados. No sobrado, a pequena fábrica junto com o comércio funcionava no térreo, no pavimento superior era a moradia da família e nos fundos havia ainda uma pequena edícula que o proprietário alugava:

---

2.   Sobre Sam Rabinovich encontramos poucas informações na internet: foi um dos donos da Vicunha Têxtil; recentemente vendeu sua parte da sociedade ao sócio. Sam Rabinovich fundou em 1946 uma fiação na cidade de São Roque, interior de São Paulo, que tinha por objetivo garantir a produção de tecidos para sua fábrica de guarda-chuvas, a Samira. A fábrica seria assumida por seus cunhados, e em 1966 Sam Rabinovich montaria, junto com a família Steinbruch, a Brasipel, que sucessivamente vai comprando e fundando outras indústrias. Chegaram a fundar um banco em 1989 e a participar do grupo csn.

> (…) na Rua Ribeiro de Lima, Bom Retiro, (…) morava a família Solito, (…) eles trabalhavam com laticínios e tinha um negócio de queijo. Eles traziam queijo do exterior e também queijo que vinha de Minas etc. Então eles moravam na parte da frente, na parte inferior tinha o depósito de queijos etc., e lá no fundo tinha uma edícula né: era um quarto, um banheiro, uma cozinhazinha e a gente morava lá (…).[3]

Além da propriedade na rua Ribeiro de Lima, a família possuía também imóveis na rua Anhaia (Jannuario Sollitto), Mamoré, Newton Prado e José Paulino (Roque Sollitto).

O cruzamento dos dados dessa tabela (Tabela IV.6) com os dados levantados no Arquivo Municipal de Processos (Tabela IV.7) mostra que esses proprietários adquiriram imóveis ("casas") respectivamente em 1930 e 1932, e procederam a alterações nos anos de 1933 e 1937. Outros judeus que também adquiriram imóveis no bairro empreenderam mudanças nos mesmos, alguns deles mais de uma vez ao longo do período de estudo. Além dos nomes que pudemos identificar como proprietários de fato dos imóveis, os demais requerentes junto à prefeitura – que poderiam ser proprietários, profissionais ou procuradores dos proprietários – para as ruas José Paulino e Prates, eram na maioria judeus.

Tabela IV.7. Proprietários de Imóveis no Bom Retiro e Requisições de Obras feitas na Prefeitura.

Proprietários de imóveis	Requisição na prefeitura:	Ano
Rua José Paulino		
Olga Tabacow	licença para reforma	1940
Ismael Waisman	licença para reforma e construção	1941/1953
Carmo Bianco	licença para reforma e aumento	1943
Fajwel Slomka	licença para construção	1944

---

3. Depoimento de Abram Szajman ao Museu da Pessoa, s/d. Extraído do sítio http://www. museudapessoa.net

Bernardo Serson	licença para aumento e construção	1944/1952
Sam Rabinovich	habite-se	1947
Felippe Kauffman	licença para demolição e construção	1950/1951
Roque Sollitto	licença para reforma	1951
Isidoro Kauffman	habite-se	1953
Rua Prates		
Alexandre Suchodolski	licença para construção	1945/47/48
Rua dos Italianos		
Januário Tramonti	licença para construção	1931
Vicente Napoli	licença para aumento, construção e reforma	1933/1947
Sam Rabinovich	licença para construção	1937
Rua Newton Prado		
Roque Sollitto	licença para aumento	1933
Motel Szucher	licença para construção de uma loja e duas habitações; licença para aumento	1947
Rua Sergio Thomaz		
Rosa Poncio de Camargo	licença para construção e habite-se	1947/1948
Sebastião Bartolomeu de Camargo	licença para construção	1948

Fonte: Tabela organizada pela autora a partir dos levantamentos realizados nas fichas por ruas do Arquivo Aguirra – Museu Paulista da USP e nas fichas de abertura de processos de obras particulares, no Arquivo Municipal de Processos da Prefeitura de São Paulo.

Como relata o depoimento de Ida Coulicoff Gotlieb (FREIDENSON & BECKER, 2003, p. 55), as primeiras famílias judias a se instalarem no Bom Retiro foram: Goldstein, Pretzer, Klabin, Tabacow, Teperman e Gordon. Até a década de 1920, instalaram-se outras famílias, como a Lafer, Nebel, Lichtenstein e Naslavsky. A partir da década de 1920, principalmente entre os anos de 1928 e 1932, a vinda de judeus ao Brasil se intensifica, principalmente de judeus ashkenazim provenientes da Polônia, Hungria, Bessarábia, Romênia, Lituânia e Letônia. (LESSER, 1995 citado por PÓVOA, 2007, p. 184). A maioria desses imigrantes, ao chegar a São Paulo, foi residir no Bom Retiro, por estarem lá outras famílias judaicas vindas anteriormente (LESSER, 1995 citado por PÓVOA, 2007, p.

184). Segundo Lesser, os imigrantes judeus se estabeleceram nas ruas da Graça, Prates, Guarani, Joaquim Murtinho, José Paulino, Corrêa de Melo e Três Rios. Depoimentos de imigrantes e descendentes de imigrantes judeus também fazem referência a estas ruas como locais onde se estabeleceram:

> Nós morávamos no Bom Retiro, na Rua Três Rios. Era o centro judaico de São Paulo. Quase toda a coletividade lá era israelita. (…) As ruas Tocantins, Afonso Pena, Bandeirantes, Guarani, todas estas estavam cheias de judeus (…)"[4]
>
> "Em geral a maior parte dos que viram aqui antes da Primeira Guerra eram da Bessarábia (…). Os da Bessarábia estavam no Bom Retiro, na José Paulino, Silva Pinto etc."[5]
>
> "Aí viemos para São Paulo e meu pai já tinha preparado para nós aqui uma moradia. Ele trabalhou com casimira – uma loja. (…) Era uma loja muito grande na José Paulino, e a moradia era atrás da loja. (…) Eu cheguei aqui em 1912. Toda a Rua José Paulino tinha lojas dos judeus.[6]

As famílias judias recém chegadas abriam pequenos negócios e "indústrias de fundo de quintal" no Bom Retiro, cujos produtos eram vendidos nas suas próprias lojas. (LESSER, 1995 citado por PÓVOA, 2007, p. 184). Como vimos no capítulo II, a associação dos locais de moradia e trabalho foi uma prática muito comum no bairro. As transformações nas edificações, sejam as reformas, aumentos ou novas constru-

---

4. Elisa Tabacow Kauffmann. In: FREIDENSON, Marilia e BECKER, Gaby (orgs.) *Passagem para a América. Relatos da imigração judaica em São Paulo.* São Paulo: Arquivo do Estado/Imprensa Oficial, 2003, p. 69.

5. Malvina Teperman In: FREIDENSON, Marilia e BECKER, Gaby (orgs.) *Passagem para a América. Relatos da imigração judaica em São Paulo.* São Paulo: Arquivo do Estado/Imprensa Oficial, 2003, p. 80.

6. Sara Lerner In: FREIDENSON, Marilia e BECKER, Gaby (orgs.) *Passagem para a América. Relatos da imigração judaica em São Paulo.* São Paulo: Arquivo do Estado/Imprensa Oficial, 2003, p. 94.

ções estão, assim, associadas à necessidade de instalação ou aumento dessas pequenas indústrias de confecções.

O trabalho de Feldman (2008), que mapeou as indústrias de confecções e afins, instaladas no Bom Retiro entre 1924 e 1945, mostrou que se tratava de pequenas indústrias, com número de funcionários entre 2 e 10, e que a maior parte dos proprietários (90%) eram judeus. A maioria dessas indústrias se instalava na rua José Paulino, em maior escala, e nas ruas da Graça, Silva Pinto, Júlio Conceição, Três Rios, Guarani e Prates, em menor escala. Através do cruzamento dos nomes dos proprietários das indústrias e dos dados do Arquivo Municipal de Processos, pudemos identificar os donos de indústrias de confecções que fizeram requisições junto à Prefeitura, relativas a obras (Tabela IV.8). As solicitações feitas por esses donos de indústrias iam desde os aumentos e reformas, até demolições, construções e instalação de elevadores. Vários nomes estão associados a mais de uma requisição junto à prefeitura, em anos diferentes, apontando para sucessivas modificações dos imóveis, e apenas um nome, Wulf Kulkovsky, está associado a mais de um imóvel.

Tabela IV.8. Proprietários de Indústrias de confecção no Bom Retiro e Requisições de Obras feitas na Prefeitura.

Proprietários de indústrias	Requisição na prefeitura	Ano
Rua José Paulino		
Aron Eibischitz	aumento e reforma	1943
Benjamin Kulikovsky	construção	1944
Berek Goldstein	reforma e construção	1946, 1950 e 1957 construção
		1957 reforma
David El Apfeld	construção	1956 construção
		1958 subs. de plantas
Godel Kon	construção	1950 subs. de plantas
		1952 construção
		1953 habite-se
Henrique Rosset	construção	1952
Jacob Mester	reforma	1951

Jacob Rosset	aumento, reforma e instalação de elevador	1941 aumento
		1949 reforma
		1952 reforma
		1953 instalação de elevador
Felipe Kauffman	demolição e construção	1950 demolição e construção
		1951 construção
Carmo Bianco	reforma e aumento	1943
Adolpho Timoner	reforma e habite-se	1940 habite-se
		1952 reforma
Fajwell Slomka	construção	1944
José Kauffman	reforma	1947
Kiva Janovitch	demolição, construção e instalação de elevador	1945 demolição e reforma
		1947 instalação de elevador
Major Chil Okret	construção	1950
Milton Schubsky	construção	1960
Moyses Rosenthal	construção	1945
Nello Della Nina Del Moro	construção e reforma	1942 construção
C. S. Muller		1952 reforma
Nojek Grunkraut	construção	1951 construção
Owsej Golcman	demolição e construção	1946 construção
		1948 demolição
Semeras Jankel Vulfas	aumento e construção	1943 construção
		1946 aumento
Suher Krasner	construção, instalação de elevador e reforma	1940 construção
		1942, 1944 e 1945 instalação de elevador
		1949 e 1950 reforma
Szaja Zelman Berengut e outro	construção	1953
Wulf Kulikovsky	demolição e construção (dois imóveis diferentes)	1944 demolição e construção
		1943 construção (outro imóvel)
Rua Prates		
Moises Altman	construção	1950
Moises Bouer	construção	1950
Rua dos Italianos		

Josefina Zerella Palaia	construção	1952
Rua Newton Prado		
Morduch Tyles	construção e reforma	1946

Fonte: Tabela organizada pela autora a partir dos levantamentos realizados nas fichas de abertura de processos de obras particulares, no Arquivo Municipal de Processos da Prefeitura de São Paulo, e a partir de FELDMAN (2008).

Além das transformações nos imóveis visando a adequação para o uso da indústria e comércio de confecções e para moradia, os judeus desenvolveram também atividades ligadas à construção no bairro, como forma de aplicação do capital. O depoimento de Abram Szajman revela que de fato alguns imigrantes judeus que se dedicavam ao comércio e indústria no bairro, depois de instalados e bem estabelecidos comercialmente, passaram a diversificar seus investimentos em outros setores, que iam desde a importação e diversificação do ramo comercial até o investimento em imóveis. Szajman, filho de imigrantes poloneses fixados no Bom Retiro no início dos anos de 1930, relata que trabalhou no comércio de um tio, também imigrante, porém fixado anos antes e por isso "com melhores condições". O tio tinha uma pequena malharia, na mesma casa em que morava. Com o tempo, o negócio cresceu, e o tio abriu uma importadora, atacadista, que importava geladeiras inicialmente, e posteriormente até cristais da Boêmia. Passado mais algum tempo, o tio começou a construir imóveis, a princípio dentro do próprio bairro e depois fora dele:

> (...) O negócio cresceu mais e aí ele (...) começou a construir imóveis, apartamentos, era o início de uma fase de condomínio. No próprio Bom Retiro construiu uns dois, três prédios, depois na Avenida Angélica.
>
> "(...) esse tio meu construía, (...) tinha os negócios dos prédios (...) Na época, eu me lembro que nós construímos alguns armazéns grandes para locação (...)"
>
> "quando esse meu tio começou a construir, ele tinha um sócio dele lá, que era um consultor, era um engenheiro, e

> nesse escritório de engenharia, tinha um outro engenheiro que era um cara muito aguçado nesse negócio de ações, negócio de investimento (...)

No Bom Retiro, a verticalização se deu justamente na porção do bairro ocupada pelos imigrantes judeus, que é a parte mais próxima do centro e a mais valorizada. Para a rua José Paulino, no período de 1940 a 1960 foram 43 as solicitações para instalação de elevador. Metade delas foi feita por empresas de elevadores (51%), como a Atlas ou Otis, 44% foram feitas por requerentes judeus e apenas 4% por requerentes não judeus.[7]

As requisições de abertura de processos junto à prefeitura mostram que, entre as ruas levantadas, os judeus foram maioria dos requerentes para a rua José Paulino, onde somaram 68% do total,[8] e estiveram também solicitando licenças para obras em outras ruas do bairro, embora em proporção bem menor: 31% na rua Prates, 28% na Newton Prado, 22% na rua dos Italianos, 16% na rua Matarazzo, 14% na rua Mamoré e 7% na rua Sérgio Thomaz. Nestas outras ruas, predominaram como solicitantes os nomes italianos.

Na área de várzea urbanizada após a retificação do rio Tietê, ao contrário das outras duas áreas do Bom Retiro, ocorreram empreendimentos de vilas habitacionais que tinham maior escala que as demais vilas do bairro. Nessa área a atuação de proprietários deu-se tanto no loteamento quanto na construção das vilas. Um exemplo é o de Carmo Zaccur, na Rua Matarazzo, que aparece como requerente de obra na prefeitura e também como proprietário de duas vilas habitacionais na área de várzea urbanizada após a retificação do Tietê. No anúncio de 16/12/1952, Carmo Zaccur aparece como proprietário da Vila Adoração, embora as vendas e a construção estivessem a cargo da empresa "Aronis & Cia Ltda – engenharia, construções, imóveis". Em outro anúncio do mesmo ano, de 01/03/1953, Carmo Zaccur aparece responsável tanto pela construção como pela venda de outra vila, a Irradiação, feita pela "Construtora e Imobiliária Carmo Zaccur s.a." (Ver figuras III. 7 e III. 8).

Outro proprietário identificado que construiu nas áreas de várzea urbanizadas após a retificação do Tietê foi Constantino Mazza, que aparece como requerente de "diretrizes

---

7. Dados levantados no Arquivo Municipal de Processos da PMSP.

8. Entre proprietários, procuradores dos proprietários e profissionais.

para loteamento" na rua Mamoré, em 1953. Outros membros da família "Mazza" aparecem como proprietários de imóveis no bairro e como requerentes de obras na Prefeitura: no Arquivo Aguirra consta a venda de uma casa por Vicente Mazza, em 1921, na rua Capitão Matarazzo; Vicente Mazza também era proprietário de imóvel na rua Ribeiro de Lima; Genaro Mazza aparece como requerente de licença para reforma e aumento de imóvel na rua José Paulino, em 1955, e Antonio Mazza para construção, na mesma rua, em 1958. Em 1954, Nicolau Mazza, juntamente com "outros abaixo assinados" faziam requisição junto à prefeitura solicitando o calçamento da rua, em 1954.

Vemos que a partir desse segundo ciclo de transferência de proprietários, as três áreas no Bom Retiro – a mais próxima do centro, a mais próxima da várzea e a área da várzea urbanizada após a retificação do Tietê – passam a ser também diferenciadas pelos proprietários (que são também os moradores) predominantes em cada uma delas. Enquanto na área mais próxima da várzea há a permanência de proprietários de origem italiana, na área mais próxima do centro ocorre um intenso processo de transferência de propriedades para imigrantes judeus, e na área da várzea urbanizada após a retificação do Tietê ocorrem diversos empreendimentos de vilas habitacionais cujos moradores serão tanto italianos quanto judeus. Assim, por um lado, podemos considerar a presença de proprietários italianos e seus descendentes como uma permanência no bairro, mas apenas em determinado setor, e por outro, a transferência de propriedades, de determinado setor, para imigrantes judeus, uma transformação.

A característica da não concentração fundiária também deve ser considerada uma permanência, mesmo que se esboce, no período de estudo, indícios de uma concentração fundiária.

3. Aumentos, reformas e novas construções: as empresas e profissionais da construção atuantes no Bom Retiro

A identificação dos profissionais da construção foi feita em conjunto com a identificação dos proprietários. A maioria das requisições de obras, constantes no Arquivo Municipal de Processos, aparecia ligada a mais de um nome, ou seja, para um mesmo imóvel existiam dois nomes relacionados, geralmente um como requerente da obra – construção, aumento ou reforma – e outro como requerente de auto de vistoria, visto de alinhamento ou habite-se. Segundo informações dos atendentes do Arquivo Municipal de Processos, essas solicitações eram feitas respectivamente por proprietários e profissionais, embora não fosse uma regra. Pela legislação vigente no período, relativa à aprovação de projetos (Código Arthur Saboya), os projetos deveriam ser assinados por proprietários (ou procuradores dos mesmos), e pelos responsáveis técnicos pela obra, mas não há especificações quanto às requisições. A análise dos levantamentos revelou que a maioria dos nomes que se repetiam se relacionavam a mais de um imóvel, e a outros nomes. Através do cruzamento desses dados com os do Arquivo Aguirra e através de levantamento realizado no CREA-SP e em indicadores profissionais da revista *A Construção em São Paulo*, conseguimos identificar os profissionais e os proprietários.

A análise de tais fontes permite detectar que aos proprietários de imóveis no Bom Retiro responsáveis pelas transformações estiveram associados profissionais da construção dos mais diversos tipos, que foram responsáveis técnicos tanto pelas pequenas obras, como os aumentos e reformas, quanto pelas maiores, como as demolições, novas edificações e edifícios de apartamentos. Identificamos atuando em todo o bairro construtores sem formação superior, que adquiriram registro junto ao CREA-SP por experiência reconhecida, decoradores, desenhistas, escritórios técnicos, arquitetos, engenheiros-arquitetos e engenheiros. Já a atuação das construtoras esteve concentrada nas ruas José Paulino e Prates, mas também ocorreu tanto para reformas e aumentos quanto para novas construções e verticalização. A maioria dos profissionais tinha formação superior, nas escolas politécnicas da USP e do Mackenzie, ou eram diplomados no exterior. Embora alguns dos profissionais tenham se destacado pela quantidade de obras realizadas nas ruas levantadas, a característica predominante do bairro foi a atuação de muitos profissionais que realizaram poucas obras, ou apenas uma.

Dentre os profissionais sem formação superior, destacam-se, pelo número de obras executadas, José de Paula Machado e Arthur Travaglini. José de Paula Machado adquiriu registro no CREA por experiência. Arthur Travaglini provavelmente fazia parte da empresa "J. Travaglni & Filhos", que consta no indicativo profissional como empresa de desenhistas. Foi um dos profissionais que mais obras realizou no bairro: das sete ruas levantadas, só não realizou obra na Rua Matarazzo, e teve ao total 22 obras de 1937 a 1953, sendo 8 na rua Newton Prado, 6 na rua dos Italianos, 3 na rua Sérgio Thomaz, 2 nas ruas Mamoré e Prates, e uma na rua José Paulino. Ambos profissionais realizaram obras na maioria de aumentos e reformas, mas também de construção e de substituição da edificação com demolição e construção, e foram contratados tanto por italianos quanto por judeus.

Tabela IV.9. Requisições de Obras feitas na Prefeitura por JOSÉ DE PAULA MACHADO.

Obra	Ano e requisição	Ano, nome vinculado e requisição
Sérgio Thomaz 660-668	1939 visto de alinhamento	–
Matarazzo 253	1945 construção	1945 Nanina Moccia Paiola habite-se
José Paulino 565-573	1946 demolição 1947 habite-se	1946 Emiddio Colangelo – reforma e aumento
Italianos junto ao 1199	1946 construção	–
Prates 832	1947 auto de vistoria	1946 Rodolpho Panzenbock substituição de plantas
Newton Prado 516-518	1946 construção, reforma e aumento	1946 Rafael Borelli – reforma e aumento 1947 Rafael Borelli – habite-se
Sérgio Thomaz 559	1949 habite-se	1951 Domingos de Lucca construção
Italianos 851-853	1950 auto de vistoria	–

Fonte: Tabela organizada pela autora a partir dos levantamentos realizados nas fichas de abertura de processos de obras particulares, no Arquivo Municipal de Processos da Prefeitura de São Paulo.

Tabela IV.10. Requisições de Obras feitas na Prefeitura por ARTHUR TRAVAGLINI.

Obra	Ano e requisição	Ano, nome vinculado e requisição
José Paulino 206	1940 e 1943 habite-se	1943 Carmo Bianco – reforma e aumento 1943 Carmo Bianco – aumento
Prates 657	1947 visto de alinhamento e habite-se	1946 Israel Fajwsz Showiejczyk construção
Prates 353-355	1951 habite-se	–
Italianos 69	1937 visto de alinhamento e habite-se	1936 e 1937 Israel Rosemberg – construção
Italianos 730	1945 reforma e aumento, habite-se	1944 João Nicolau Grego – aumento 1945 João Nicolau Grego – substituição de plantas 1946 João Nicolau Grego – conservação de obra
Italianos 1078	1946 visto de alinhamento	1946 João de Loretto – aumento
Italianos 1109	1946 habite-se	1944 Oraldno Cavalieri – construção
Italianos 1099-1101	1944 visto de alinhamento e habite-se	1952 João Nicolau Grego – reforma e aumento
Italianos 574-580	1937 e 1938 visto de alinhamento	–
Mamoré 617-619	1953 visto de alinhamento e habite-se	1952 Joaquim Gonzales Groba – aumento e reforma
Mamoré 680-694	1949 habite-se	–
Newton Prado 31	1935 habite-se	1935 Francisco Tarricone – reforma e aumento
Newton Prado 103	1937 visto de alinhamento	1937 Catharina Paula Lavorato – demolição e construção
Newton Prado 151	1935 habite-se	1935 Ettore Aristide – aumento
Newton Prado 559	1940 habite-se	1940 Miguel Laurindo – aumento
Newton Prado 621	1937 visto de alinhamento e habite-se	–
Newton Prado 618-622	1941 visto de alinhamento e habite-se	1941 Vito Altieri – construção
Newton Prado 636-660	1942 habite-se	–
Newton Prado 73-75	1948 habite-se	1947 Motel Szucher – construção e substituição de plantas
Sérgio Thomaz 596	1939 habite-se	1939 Humberto Paccioni – construção
Sérgio Thomaz 603-605	1940 habite-se	1939 Antônio Laporta – construção

Fonte: Tabela organizada pela autora a partir dos levantamentos realizados nas fichas de abertura de processos de obras particulares, no Arquivo Municipal de Processos da Prefeitura de São Paulo.

Além desses profissionais – construtores e desenhistas – atuaram também no bairro decoradores, como A.Pretti, e construtores como José Fugulin, da empresa "José & Antônio Fugulin", que realizaram obras no ano de 1940 respectivamente nas ruas José Paulino e Sérgio Thomaz.

Mas a maioria das obras do bairro esteve a cargo de profissionais qualificados: engenheiros, arquitetos e engenheiros-arquitetos, graduados nas escolas de engenharia da Universidade de São Paulo e da Universidade Presbiteriana Mackenzie, que estavam atuando não só no Bom Retiro, mas em toda a cidade. Foram identificados 30 profissionais que realizaram 119 obras em todas as ruas levantadas (José Paulino, Prates, dos Italianos, Newton Prado, Mamoré, Sérgio Thomaz e Matarazzo). Vinte e dois deles realizaram apenas uma obra, e sete deles – Samuel Gragnani, José Rosenthal, Raul dos Santos Oliveira, Luiz Bianco, Ernani Comodo Liebel, José Peres e João Maggion – realizaram juntos 74 obras.

O "Quadro estatístico dos engenheiros responsáveis pelas plantas aprovadas do município de São Paulo", da revista *A Construção em São Paulo* mostra que vários dos profissionais que atuaram no Bom Retiro tinham uma grande atuação na cidade de São Paulo. Alguns deles, como Arão Sahm e Samuel Lafer, estavam listados como profissionais com grande número de plantas aprovadas no município de São Paulo[9] – respectivamente 7º e 24º em maio de 1958 – mas, mesmo com números menores de aprovações, a grande maioria dos profissionais que atuaram no Bom Retiro consta nessa listagem.

---

9. Quadro estatístico dos engenheiros responsáveis pelas plantas aprovadas no município de São Paulo. In: *A Construção em São Paulo*. Ano XI, nº535, 12/05/1958, p. 25-26 e *A Construção em São Paulo*. Ano XI, nº551, 01/09/1958, p. 25-26. Segundo a explicação dada pela revista, a estatística é assim estabelecida: "De conformidade com o critério que estabelecemos desde o inicio consideraremos cada apartamento como uma residência. Assim, a planta aprovada de um prédio, suponhamos, de 40 ou 60 apartamentos, terá o valor estatístico correspondente a 40 ou 60. Para os casos de plantas de edifício destinados a escritórios, (salas, salões, conjuntos etc.) a avaliação do número para a estatística será ponderada em função da área útil construída do edifício. O divisor adotado é 80 metros quadrados. Assim, um edifício, de características iguais as acima terá o valor estatístico de 20 (1600m²:80m²=20)"

Uma pequena amostra desses profissionais, para os quais localizamos informações no CREA referente a país de origem e formação profissional, mostra que a maior parte era composta por engenheiros, brasileiros filhos de imigrantes, formados nas escolas Politécnica da USP e Mackenzie nas décadas de 1940 e 1950. Outra parte era composta por judeus vindos da Alemanha, Rússia, Polônia, Palestina, Romênia, formados em escolas de arquitetura, belas artes ou engenharia, como a Academia Real de Belas Artes de Liège, na Bélgica, e a Techinche Horhscule, na Alemanha. Entre os judeus estão os únicos arquitetos identificados – Abram Elman e Oskar Stumpf (este, engenheiro-arquiteto), sendo que somente Oskar Stumpf atuou ainda na década de 1930 – todos os outros profissionais com formação superior identificados atuaram a partir da década de 1940.

Profissionais e escritórios técnicos, ao contrário das construtoras, estiveram atuando em todo o bairro, contratados para todos os tipos de obras e tanto por proprietários italianos, que predominavam na parte do bairro mais próxima da várzea, quanto pelos judeus, que se concentravam na parte mais próxima do centro. Esses profissionais estavam produzindo arquitetura moderna na cidade de São Paulo e foram os responsáveis por empreender uma arquitetura moderna também no Bom Retiro. Como exemplo temos o do Escritório Técnico Bernardo Rzezack, autor do projeto e responsável pela construção do Edifício Tana, na rua Antônio Carlos com Consolação, de 1955, classificado por Sampaio (2002, p. 230) dentro da amostra de edifícios de arquitetura moderna de promoção privada. No Bom Retiro, o escritório foi responsável por seis obras, sendo 5 na rua José Paulino e uma na rua dos Italianos, que foram realizadas no final dos anos de 1940. Além deste, foram identificados outros onze escritórios técnicos atuando no bairro: Escritório de Construção de Guido Pucinelli, Escritório de Construções de Emílio Malaman, Escritório de Construções Serafim Mendes e Ealdo Scaciota, Escritório de Construção Alberto Galassi, Escritório de Construção de Ildefonso A. M. Pivato, Escritório Técnico Abram Elman Ltda., Escritório Técnico de Construção e Arquitetura Antonio Monea, Escritório Técnico DMF, Escritório Técnico Humberto Romaro, Escritório Técnico Júlio Carlotti e Sociedade de Engenharia Civil Cyro Ribeiro Pereira Ltda.

Tabela IV.11. Requisições de Obras feitas na
Prefeitura pelo Escritório Técnico BERNARDO RZEZACK.

Obra	Ano e requisição	Ano, nome vinculado e requisição
José Paulino 155	1947 e 1948 construção	1949 Josef Codok Horovitch – instalação de elevador
José Paulino 159	1948 visto de alinhamento	1946 Josef Codok Horovitch – demolição e construção
José Paulino 153-157	1948 auto de vistoria	–
José Paulino 389	1945 construção 1946 visto de alinhamento	1945 Salomão Glezer – demolição e construção
José Paulino 248-256	1946 auto de vistoria	–
Italianos 1205-1209	1946 auto de vistoria e visto de alinhamento	1945 Szaja Wolf Chezan – Velchazyn – construção

Fonte: Tabela organizada pela autora a partir dos levantamentos realizados nas fichas de abertura de processos de obras particulares, no Arquivo Municipal de Processos da Prefeitura de São Paulo.

Quanto às construtoras, foram vinte e duas as identificadas atuando no bairro, e se concentraram nas ruas Prates e José Paulino. A maioria delas, inclusive algumas importantes, como a Bratke & Botti, a Camargo & Mesquita e a Construtora Mindlin, realizaram apenas uma obra; outras, como a Construtora Predilar Ltda, a Construtora Kuminsky, a Construções e Terrenos Ltda e a Construtora Fachinni Lang Ltda realizaram duas obras cada. Destaca-se pelo número de obras a Barmak & Kliot Ltda, que realizou dez obras na rua José Paulino e uma na rua Newton Prado, entre demolição, construção, reforma e aumento. Os nomes que aparecem associados aos mesmos imóveis em que essas construtoras atuaram são na maioria nomes judeus ou de empresas: Torrefação e Moagem de Café Tiradentes, na rua Prates (associada à empresa A Técnica Construtora Ltda), Estruturas de Madeira SA, na rua Sérgio Thomaz (associada à Bratke & Botti), Caixa de Aposentadorias e Pensões dos Empregados da SP Railway, na rua Prates, associada à Camargo & Mesquita.

Assim como as transformações ocorridas no bairro, a atividade profissional foi marcada pela não concentração, ou seja, a pequena atuação de muitos que acabou por transformar, em escala significativa, todo o bairro. No período sob o qual nos focamos, a característica que predomina e que se mantém ao longo do tempo é a da não concentração: pequenos proprietários, pequenos industriais, pequenas transformações feitas por diversos e muitos profissionais, transformações que quando somadas tomam grande vulto.

CONCLUSÕES

QUANDO INICIAMOS ESSE estudo, ainda na fase de montagem do projeto de pesquisa, tínhamos em mente algumas imagens pré-estabelecidas sobre o Bom Retiro: a de um "bairro tradicional", ou seja, que guardava tradições, um bairro de imigrantes e multiétnico; a do bairro do comércio de confecções de São Paulo, para onde acedem pessoas de muitas cidades do estado e do país; a de um bairro que contém muitas edificações degradadas, de meio a um século de existência, mas que era digno de preservação, como testemunho de uma época da evolução urbana – e econômica – de São Paulo. Tínhamos também as informações dos poucos estudos sobre os bairros centrais, que ressaltavam a uma só vez as mudanças e o deterioro que ocorriam a par e passo na década de 1950 nesses bairros. Ao longo do desenvolvimento da pesquisa, ao passo em que "mergulhávamos" no nosso objeto de estudo, essas imagens foram adquirindo diferentes contornos, diferentes cores e aspectos. As transformações e permanências que iam sendo identificadas estavam de tal forma inter-relacionadas que davam margem a questionamentos sobre até que ponto se tratava de uma ou de outra, o que enfatizava constantemente a necessidade de uma análise mais fragmentada, embora nunca isolada do contexto. As transformações ocorridas no período de 1930 a 1954 concorreram para criar – ou acentuar – diferenças internas no bairro; as permanências, por sua vez, são os elementos que dão unidade ao bairro.

Vários desses elementos de permanência são características do bairro que foram estabelecidas ainda na sua fase de estruturação, ou seja, no processo de urbanização das chácaras que deram origem ao bairro. A presença de indústrias de pequeno porte, a associação dessas pequenas indústrias, oficinas ou estabelecimentos comerciais ao espaço da moradia, a proximidade moradia-trabalho, o predomínio da forma aluguel, a presença de cortiços e vilas, e a forte presença de população imigrante, são as características que perpassam os anos, e se espacializam em padrões de lotes e de edificações. Mesmo com as transformações no conjunto edificado e na estrutura fundiária do bairro, e com a introdução de novos padrões de indústria e de moradia, essas características se mantém e se constituem como a lógica dessas transformações. No processo de metropolização de São Paulo, ocorrido sobretudo a partir dos anos de 1930, essas características, que até então eram predominantes na cidade, se transformam e se perdem como processo de reprodução social e econômica dominante na cidade, mas no Bom Retiro continuam prevalecendo.

O traçado urbano do bairro, que já estava consolidado nas primeiras décadas do século XX, foi expandido no período de estudo, devido à drenagem dos terrenos da várzea do Tietê e a retificação de seu canal, que possibilitou a ocupação das terras até então não edificáveis. Esse foi um dos processos de transformação identificado: a expansão do bairro para a várzea, que resultou no aumento de sua área urbanizada e edificada. No entanto, mesmo com essa expansão, o traçado urbano do bairro permaneceu praticamente inalterado, pois ela se deu através da continuidade das vias existentes. Apenas algumas vias particulares foram abertas no interior das quadras, para atender às vilas residenciais, e outra obra urbana de vulto (além da obra de retificação do Tietê) – o alargamento da Avenida Tiradentes e abertura da Avenida Santos Dumont – foi realizada no bairro, mas não implicou em mudanças do traçado urbano.

Em relação ao parcelamento, constatamos a ocorrência, ao longo do período de estudo, de algumas mudanças pontuais, mas o que prevaleceu foi a divisão de lotes que era comum desde a formação do bairro, caracterizada por lotes estreitos, pequenos, e intensamente ocupados. Os rearranjos fundiários ocorridos – remembramentos e desmembramentos de lotes – que participaram do segundo processo de transformação identificado, ou seja, a compactação da área edificada, ocorreram no sentido de intensificar número de lotes, número de proprietários e a área construída. Os remembramentos de lotes ocorreram predominantemente na parte do bairro mais próxima do centro, e estiveram associados à verticalização, mas ocorreram também para a edificação de vilas residenciais nos miolos de quadra.

Em relação às edificações, as transformações também se deram no sentido da compactação do bairro, e ocorreram através de aumentos e reformas, e da substituição da edificação por demolição e nova construção. Essas transformações de "pequena escala" no bairro – os aumentos e as reformas, que foram extensivas por todo o bairro e correspondem a um grande volume das transformações – mostram que o bairro se transforma sobretudo através de adaptações, não de demolições, acomodando nas edificações existentes os usos característicos do bairro desde sua origem: cortiços, vilas residenciais, indústrias de fundo de quintal, pequenos estabelecimentos comerciais. Esses usos predominantes, bem como a característica dos lotes e das edificações onde se instalam, cuja configuração permite essas associações, são elementos de permanência no bairro, para os quais as transformações ocorreram no sentido de acomodá-los.

As principais transformações, no sentido de introdução de um novo elemento no bairro, deram-se pelo processo de verticalização, possibilitado pelas demolições e pelos rearranjos fundiários. Esse processo foi mais localizado que o dos aumentos e reformas, ocorrendo na parte mais próxima do centro, mais valorizada, e coincide com a área em que se instalaram os judeus no bairro, a partir do final da década de 1920 e mais intensamente na década de 1940. A verticalização no bairro teve características da Arquitetura Moderna, foi destinada a moradia de uma classe média composta de pequenos industriais e funcionários, e teve fins industriais, o que se configura como uma especificidade do bairro do Bom Retiro e também como um novo elemento, um novo padrão, tanto de indústria quanto de habitação.

As transformações ocorridas no Bom Retiro estiveram associadas à instalação de uma atividade econômica no bairro, dominada pelos imigrantes judeus: a indústria e comércio de confecções. No entanto, a instalação dessa atividade econômica, se por um lado promoveu as transformações nas estruturas físicas, por outro deu continuidade a características intrínsecas ao bairro desde sua origem: a de indústrias pequenas e a da diversidade de usos na mesma edificação ou no mesmo lote. Os novos padrões de edificação introduzidos – da moradia e indústria verticalizadas – em relação ao uso, mantiveram a mistura: moradia e comércio, comércio e indústria, ou até moradia, comércio e indústria; e continuaram a ser predominantemente para aluguel.

No que concerne à propriedade fundiária, as transformações ocorreram em relação à espacialização de grupos de proprietários, e as permanências em relação à característica da não-concentração fundiária e ao predomínio de proprietários imigrantes. Dois ciclos de transferência de propriedades ocorreram no bairro, desde o surgimento. O primeiro ciclo, ocorrido nas décadas de 1880 e 1890, teve como característica a multiplicação tanto de terrenos quanto de proprietários, e a transferência de propriedades se deu predominantemente para os imigrantes italianos, que continuaram como maioria dos compradores até a década de 1920. Nesta década, entretanto, já se iniciava o segundo ciclo: a transferência de propriedades para imigrantes judeus, processo que se intensifica nas duas décadas posteriores, e teve como característica principal certa espacialização, concentrando-se nas ruas José Paulino, Ribeiro de Lima e Prates, e arredores dessas ruas. Assim, a introdução de novos padrões de edificação, está associada ao grupo de imigrantes judeus que adquiriram propriedades no bairro e instalaram uma nova atividade econômica.

A atividade profissional Bom Retiro também foi marcada pela não concentração, ou seja, a pequena atuação de muitos profissionais que acabou por transformar, em escala significativa, todo o bairro. No período sob o qual nos focamos, a característica que predomina e que se mantém ao longo do tempo é a da não concentração: pequenos proprietários, pequenos industriais, pequenas transformações feitas por diversos e muitos profissionais, transformações que quando somadas tomam grande vulto.

Agradecimentos

À minha orientadora, Sarah Feldman, mestre no sentido mais sublime da palavra, pela paciência e pela dedicação.

Aos professores Eulália Portela Negrelos e Paulo César Garcez Marins, pelos preciosos comentários no exame de qualificação.

À Fapesp pela bolsa de mestrado concedida e pelo o auxílio à publicação desta obra.

À Joana Monteleone, da Alameda Editorial, pela acolhida do trabalho e apoio, e a Sami Reininger, pelo empenho no projeto gráfico.

Aos funcionários dos arquivos pesquisados: Cleide de Andrade, Marcos Ferreira e Gerson, do Arquivo Municipal de Processos; Shirley e Juliana, do Serviço de Documentação Textual e Iconográfica do Museu Paulista; Robson, da Divisão de Iconografia e Museus do DPH; e às funcionárias do Arquivo Histórico Judaico Brasileiro. Aos funcionários das bibliotecas consultadas, principalmente ao Nivaldo da EESC/USP, sempre disposto a atender todos os chamados. Ao Geraldo e Marcelo da secretaria de pós-graduação do Departamento de Arquitetura e Urbanismo, pela atenção constante.

Aos amigos de ofício, pelo incentivo, empréstimo de material e pelo apoio em todas as horas: Nilce Aravecchia e Fernando Atique; ao Sales pelas conversas e dicas na etapa mais inicial do trabalho e à Malu Freitas e Joana Melo pelas informações e contatos na etapa final. Aos amigos de aventuras, Patrícia, Ângela, Mauro, Marcelo, Marcel Alez e Isabelli, por entenderem a prolongada distância. Aos companheiros de restauro, Chico e Gil, por entenderem e possibilitarem meu afastamento e longa ausência. À Natássia e Alexandre (Boina), que me ajudaram com os mapas e as imagens.

À minha família, principalmente à Lilian e minha mãe, pelo apoio, pela paciência e tolerância, sobretudo nos últimos meses.

A todos esses e todos aqueles que eventualmente tenha me esquecido no momento, mas que constantemente agradeço em pensamentos, que viabilizaram e contribuíram para a realização deste trabalho.

LISTAS

Figuras II.8 e II.9. Tipologias verticais remanescentes na rua José Paulino.

Figuras II.10. Anúncio de terreno de metragem ampla na rua Anhaia.

Figura II.11. Anúncio de armazém na rua Barra do Tibagy.

Figura II. 12. Anúncio de armazém e duas moradias na rua Barra do Tibagy.

Figura II.13. Anúncio de venda de prédio de loja e sobrelojas na rua José Paulino.

Figura II. 14. Campanha do comércio do Bom Retiro para transferência do meretrício.

Figuras II.15 e II.16. Anúncios de Venda de Apartamentos Tipo Kitnete e quarto-sala nas áreas centrais.

Figura II.17. Anúncio de Venda de loja com armazéns produção e venda no mesmo edifício na rua Três Rios.

Figuras II.18 e II.19. Tipologias verticais destinadas à indústria e comércio na rua José Paulino.

Figura II. 20. Carta da estrutura e funcionalidade das edificaçõs do Bom Retiro.

Figura II. 21. Anúncio de Aluguel de Apartamentos na Rua Prates, Bom Retiro.

Figura III.1. Áreas da várzea ocupadas após a retificação do Rio Tietê no Bom Retiro.

Figura III.2. Descrição da divisa do terreno de Manoel Alves Garrido.

Figura III.3. Pormenor – Descrição da divisa do terreno de Manoel Alves Garrido.

Figura III.4. Pormenor – Descrição da divisa do terreno de Manoel Alves Garrido.

Figura III.5. Proposta de Urbanização para as margens do Tietê. Aquarela de Prestes Maia.

Figura III.6. Urbanização da Vila Adoração e Vila Irradiação e Legenda do Mapa.

Figura III.7. Anúncio de Venda Vila Adoração, Bom Retiro.

LISTA DE MAPAS

LISTA DE TABELAS

Lista de abreviaturas e siglas

Fapesp – Fundação de Amparo à Pesquisa do Estado de São Paulo

FAU – Faculdade de Arquitetura e Urbanismo

EESC – Escola de Engenharia de São Carlos

FFLCH – Faculdade de Filosofia, Letras e Ciências Humanas

DPH – Departamento do Patrimônio Histórico

COGEP – Coordenadoria Geral de Planejamento de São Paulo

CONDEPHAAT – Conselho de Defesa do Patrimônio Histórico, Artístico, Ambiental e Turístico do Estado de São Paulo

IAU/UPS – Instituto de Arquitetura e Urbanismo da UPS

IGEP – Inventário Geral do Patrimônio Ambiental e Cultural da Cidade de São Paulo

USP – Universidade de São Paulo

Fontes consultadas

Cartografia

Documentos Publicados

Nova Planta da Cidade de São Paulo com indicação dos principaes edificios publicos. Editores U. Bonvicini e V. Dubugras. 1891. s. escala. In: Reis Filho, Nestor Goulart. (2004) São Paulo: vila, cidade, metrópole. São Paulo: Prefeitura do Município de São Paulo; BankBoston.

Planta da cidade de São Paulo levantada pela Companhia Cantareira e Esgotos. Henry B. Joyner mice, engenheiro em chefe. s. escala. 1881. In: reis filho, Nestor Goulart. São Paulo: vila, cidade, metrópole. São Paulo: Prefeitura do Município de São Paulo; BankBoston, 2004

Planta Genérica de Valores de Terrenos situados nas zonas urbana e suburbana do Município. Aprovada pelo decreto 2.066 de 27 de dezembro de 1952. Setor 19 – Bom Retiro. *Diário Oficial do Estado de São Paulo*, 01/03/1953.

Documentos Avulsos

Acervo do Arquivo Histórico Municipal "Washington Luís"

Mappa Topographico do Municipio de São Paulo, executado pela empreza Sara Brasil SA, pelo método Nistri de aerophotogrammetria, de accordo com o contracto lavrado em virtude da Lei 3203 de 1928, quando prefeito o Sr. Dr. José Pires do Rio, sendo Director de Obras o engenheiro Arthur Saboya. 1930. Publicado pela Prefeitura Municipal de São Paulo. Escala 1:5000.

Municipio de São Paulo. Levantamento Aerofotogramétrico executado por Vasp Areofotogrametria SA e Serviços Aerofotogramétricos Cruzeiro do Sul s.a. Fotografias tomadas em janeiro de 1954 Autorizado pela Lei 4104/51. Iniciado na gestão do Prefeito Armando de Arruda Pereira. 1952-1957. Prefeitura Municipal de São Paulo. Escala 1:2000.

Acervo do Museu Paulista da Universidade de São Paulo

Bom Retiro Cadastro dos prédios servidos de esgotos pela Repartição Tecnica de agua e esgotos em 1894. escala 1:2000. Documento IC 5444T

Descripção da divisão do terreno de Manoel Alves Garrido, Bom Retiro, s/d, s/escala. Documento IC 6649T

Galerias de Aguas Pluviaes e Drenagem do Solo construídas em 1893 e 1894 nos bairros do Bom Retiro e Sta. Ephigênia. Commissão de Saneamento do Estado de São Paulo. s/escala. Documento IC 6035T.

Planta da cidade de S. Paulo com redes de esgotos. Repartição de Água e Esgotos de S. Paulo. Organizada pela Secção de Esgotos. 1901. Escala 1:20.000. Documento IC 6073T.

Planta da Cidade de S. Paulo mostrando todos os arrabaldes e terrenos arruados. 1924. Escala 1:26.000. Documento IC 6109T.

Planta da Cidade de São Paulo levantada pela Divisão Cadastral da 2ª Secção da Directoria de Obras e Viação da Prefeitura Municipal. Edição Provisória. 1916. Escala 1:20.000. Documento IC 6075T

Planta Geral da Cidade de S. Paulo com as redes de água e esgoto existentes em 1894. Repartição dos Serviços Thécnicos de Águas e Esgotos de S. Paulo. Escala 1:5000. Documento IC 6095T.

Planta Geral da Cidade de São Paulo. Levantada e Organizada pelo engenheiro civil Alexandre Mariano Cococi e Luiz Fructuoso F. Costa. Propriedade exclusiva da Comp. Lith. Hertmann-reinchenbach. Escala 1:20.000. Documento DSC 4513T.

São Paulo – chácaras, sítios e fazendas, ao redor do centro (desaparecidos com o crescer da cidade). Escala 1:20.000. s/d. Documento IC 6595T.

São Paulo Capital Ano 1904. Escala 1:1000 (Loteamento no Bom Retiro entre as ruas da Graça, Três Rios, Guarany, X e Y). Documento IC 6406T

JORNAIS

O Estado de S. Paulo. Classificados, anos de 1940 a 1960.

O Jornal dos Bairros, anos de 1950 a 1956.

REVISTAS E PERIÓDICOS

Boletim do Departamento Estadual de Estatística, anos de 1940 a 1959.

A Construção São Paulo, ano de 1954 e 1955.

Códigos, leis e decretos de melhoramentos viários

Consolidação do Código de Obras Arthur Saboya. (Lei nº 3.427, de 19 de novembro de 1929) e mais ispositivos posteriores, referentes a construções, arruamentos etc., aprovada pelo Ato nº 663, de 10 de agosto de 1934.

Arquivo SIURB – Secretaria Municipal de Infraestrutura Urbana e Obras da Prefeitura Municipal de São Paulo

Decreto-Lei nº 112, de 30 de agosto de 1941. Dispões sobre a formação de uma praça fronteira à Estação da Estrada de Ferro Sorocabana e dá outras providências.

Decreto nº 880, de 6 de julho de 1946. Declara de utilidade pública os imóveis necessários ao alargamento das ruas Lusitânia e Sérgio Tomaz.

Decreto nº 1.141, de 11 de maio de 1950. Aprova o plano de urbanização de uma área da várzea do Tietê.

Decreto nº 1.449, de 18 de outubro de 1951. Revigora a declaração de utilidade púbica dos imóveis situados entre a rua Três Rios e a Ponte das Bandeiras.

Decreto nº 1.574, de 3 de janeiro de 1952. Aprova o plano de prolongamento da rua Neves de Carvalho, entre a rua Sérgio Tomaz e a Avenida Marginal do Tietê.

Lei nº 4.285, de 17 de setembro de 1952. Aprova o plano de abertura da avenida entre o Rio Tietê e a avenida do Estado e dá outras providências.

Lei nº 5.785, de 28 de dezembro de 1960. Aprova plano de alargamento da Avenida Rudge e de trecho da Avenida Rio Branco e a construção de um viaduto, ligando essas avenidas sôbre as linhas das Estradas de Ferro Sorocabana e Santos-Jundiaí, e dando outras providências.

Arquivos e instituições pesquisadas

Arquivo da Secretaria Municipal de Infraestrutura Urbana e Obras da Prefeitura Municipal de São Paulo (siurb)

Arquivo de Fotografias da Divisão de Iconografia e Museus do Departamento de Patrimônio Histórico da Secretaria Municipal de Cultura da São Paulo

Arquivo do Estado de São Paulo

Arquivo Histórico Judaico Brasileiro

Arquivo Municipal de Processos da Prefeitura Municipal de São Paulo

Arquivo Washington Luís do Departamento de Patrimônio Histórico da Secretaria Municipal de Cultura da São Paulo

Biblioteca da Escola de Engenharia de São Carlos da usp

Biblioteca da Escola Politécnica da usp

Biblioteca da Faculdade de Arquitetura e Urbanismo da usp

Biblioteca da Faculdade de Direito da usp

Biblioteca da Faculdade de Economia e Administração da usp

Biblioteca da Pós-graduação da Faculdade de Arquitetura e Urbanismo da usp

Biblioteca do Instituo Brasileiro de Geografia e Estatística, São Paulo

Biblioteca do Museu Paulista da usp

Biblioteca Florestan Fernandes da usp

Serviço de Documentação Textual e Iconográfica do Museu Paulista/usp

Bibliografia geral

Sobre história da cidade de São Paulo:

ALBA, Lílian Bueno (2004). *1935-1965: trinta anos de edifícios altos em São Paulo*. Dissertação de mestrado apresentada à FAU/USP. São Paulo.

ARAÚJO FILHO, José Ribeiro de (1958). A População Paulistana. In: AZEVEDO, Aroldo de (org.). *A Cidade de São Paulo: estudos de geografia urbana. São Paulo*: Cia. Editora Nacional, vol. II.

AZEVEDO, Aroldo (org.) (1958). *A cidade de São Paulo: estudos de geografia urbana*. São Paulo: Companhia Editora Nacional, 4v.

_____. (1958). *Subúrbios Orientais de São Paulo*. São Paulo, FFLCH/USP, 1945.

BANDEIRA JR. (1901). *Ensaio d'um quadro estatístico da cidade de São Paulo*. São Paulo.

BARROS, Gilberto Leite de (1967). *A cidade e o planalto: processo de dominância da cidade de São Paulo*. São Paulo: Martins Fontes.

BONDUKI, Nabil (1998). *Origens da Habitação Social no Brasil*. São Paulo: Estação Liberdade/Fapesp.

Bosetti, Adriano Augusto (2002). A avenida Nove de Julho como síntese das intervenções urbanísticas na cidade de São Paulo na primeira metade do século 20. In: Sampaio, Maria Ruth Amaral de (org.). *A promoção privada de habitação econômica e a arquitetura moderna*: 1930-1964. São Carlos: RiMa.

Bresciani, Maria Stella Martins (org.) (1993). *Imagens da cidade: séculos XIX e XX. São Paulo*: anpuh/Marco Zero.

Brito, Francisco Saturnino Rodrigues de (1926). *Melhoramentos do rio Tietê em São Paulo*. São Paulo: Secção de Obras d'O Estado de São Paulo.

Brito, Mônica Silveira (2000). *A participação da iniciativa privada na produção do espaço urbano:São Paulo, 1890-1911*. Dissertação de mestrado apresentada à fau/usp. São Paulo.

Bruno, Ernani Silva (1984). *História e Tradições da Cidade de São Paulo. Volume III – Metrópole do Café (1872-1918) – São Paulo de agora (1918-1954)*. São Paulo: Hucitec/Prefeitura do Município de São Paulo/Secretaria Municipal de Cultura.

Campos, Candido Malta (2002). *Os Rumos da Cidade: Urbanismo e Modernização em São Paulo*. São Paulo: Senac.

Carlos, Ana Fani Alexandri; Oliveira, Ariovaldo Umbelino de (orgs.) (2004). *Geografias de São Paulo: representação e crise da metrópole*. São Paulo: Contexto.

Custodio, Vanderli (2001). *A persistência das inundações na Grande São Paulo*. Tese de Doutorado, Departamento de Geografia da fflch/usp. São Paulo.

Dean, Warren (1971). *A industrialização de São Paulo*. São Paulo: Edusp/difel.

Eletropaulo – Eletricidade de São Paulo. Superintendência de Comunicação. Departamento do Patrimônio Histórico & São Paulo (cidade). Secretaria Municipal de Cultura. Departamento do Patrimônio Histórico (1989). Evolução Urbana da Cidade de São Paulo. Estruturação de uma cidade industrial: 1872-1945. Coord. Maria Lúcia P. F. Passos. São Paulo, Eletropaulo. V-1, t-1 (Série Bibliografia, 1)

Emplasa (1980). Reconstituição da Memória Estatística da Grande São Paulo. São Paulo (Estado) – Secretaria dos Negócios Metropolitanos.

FAUSTO, Bóris (1997). *Negócios e ócios: histórias da imigração em São Paulo*. São Paulo: Companhia das Letras.

FELDMAN, Sarah (1968). *Segregações espaciais urbanas; a territorialização da prostituição feminina em São Paulo*. Dissertação de Mestrado FAU/USP.

_____. (2005). *Planejamento e Zoneamento: São Paulo, 1947-1972*. São Paulo: Edusp/Fapesp.

_____. (2004). A Configuração Espacial da Metrópole In: C. M. Campos; L. H. Gama e V. Sacchetta (orgs.) *São Paulo Metrópole em Trânsito – Percursos Urbanos e Culturais*. São Paulo: Senac.

FILARDO Júnior, ANGELO Salvdor (1998). *Terriórios da eletricidade: a Light em São Paulo e o projeto da Serra de Cubatão – 1925-1950*. Dissertação de mestrado FAU/USP.

FISHER, Sylvia (1994). *Edifícios Altos no Brasil*. In: *Espaço & Debates*, nº 37.

GAMA, Lucia H., CAMPOS, C. M., SACCHETTA, V. (orgs.) (2004). *São Paulo Metrópole em Trânsito – Percursos Urbanos e Culturais*. São Paulo: Senac.

GLEZER, Raquel (1994). Visões de São Paulo. In: BRESCIANI, Stella (org.). *Imagens da cidade – séculos XIX e XX*. São Paulo: ANPUH/Marco Zero.

GROSTEIN, Marta Dora (1998). Expansão Urbana e Habitação da Classe Trabalhadora: da vila operária ao lote popular. In: SAMPAIO, Maria Ruth Amaral de (coord). *Habitação e Cidade*. São Paulo: FAU/USP.

HALL, Michael (2004). Imigrantes na cidade de São Paulo. In: Porta Paula (org). *História da Cidade de São Paulo. A cidade na primeira metade do século XX*. São Paulo: Paz e Terra.

JORGE, Janes (2006). *Tietê o rio que a cidade perdeu. São Paulo, 1890-1940.* São Paulo: Alameda.

KOWARICK, L.; ROLNIK, R.; SOMEKH, N. (orgs.) (1990). *São Paulo: Crise e Mudança,* São Paulo: Brasiliense/PMSP.

LAMPARELLI, Celso Monteiro (1995). *O ideário do urbanismo em São Paulo em meados do século XX.* São Paulo: LAP-FAU/USP, mar.-abr. (Cadernos de pesquisa do LAP n. 05)

LANGENBUCH, Juergen Richard (1971). *A estruturação da Grande São Paulo: estudo de geografia urbana.* Rio de Janeiro: Instituto Brasileiro de Geografia, Departamento de Documentação e Divulgação Geográfica e Cartográfica.

LAGENEST, Barruel H. D. (1962). Os Cortiços de São Paulo. In: *Revista Anhembi,* vol. XLVIII, nº 139.

LEME, M. Cristina S. (1992) *O Plano de Avenidas e a Formação do Pensamento Urbanístico em São Paulo nas Três Primeiras Décadas do Séc. XX.* In: FERNANDES, Ana e GOMES, Marco Aurélio (org.). *Cidade e História.* Salvador: Universidade Federal da Bahia.

LOUREIRO, Maria Amélia Salgado (19). *A evolução da casa paulistana e a arquitetura de Ramos de Azevedo.* São Paulo: Voz do Oeste.

LOPES, Miriam B. P. Oelsner (1985). *Pequena História dos Transportes Públicos de São Paulo.* São Paulo: CMTC.

MAGNANI, José G. *et al.* coords. (2004) *Expedição São Paulo 450 anos. Uma viagem por dentro da metrópole.* São Paulo: Secretaria Municipal de Cultura/Instituto Florestan Fernandes.

MAIA, Francisco Prestes (1930). *Estudo de um Plano de Avenidas para a Cidade de São Paulo.* São Paulo: Melhoramentos.

MALERONKA, Wanda (2007). *Fazer roupa virou moda: um figurino de ocupação da mulher, São Paulo 1920-1950.* São Paulo: Senac.

MARINS, Paulo C. Garcez (2004). Tensões sociais na gestação da metrópole. In: *São Paulo, metrópole em trânsito: percursos urbanos e culturais*. CAMPOS C.M.; GAMA L.H.; SACCHETTA V. (orgs.) São Paulo: Senac.

_____. (1998). Habitação e vizinhança: limites da privacidade no surgimento das metrópoles brasileiras. In: NOVAIS, Fernando A. (coord. geral) *História da Vida Privada no Brasil, vol. 3*. São Paulo: Companhia da Letras.

MELO, Marcus André (1992). O Estado, o boom do século e a crise da habitação: Rio de Janeiro e Recife (1937-1946). In: FERNANDES, Ana e GOMES, Marco Aurélio (org.). *Cidade e História*. Salvador: Universidade Federal da Bahia.

MENDES, Renato da Silveira (1958). Os Bairros da Zona Norte e os Bairros Ocidentais. In: AZEVEDO, Aroldo de (org.). *A Cidade de São Paulo*. São Paulo: Cia. Editora Nacional, vol. III.

_____. (1958b). Os Bairros da Zona Sul e os Bairros Orientais. In: AZEVEDO, Aroldo de (org). *A Cidade de São Paulo*, São Paulo: Cia. Editora Nacional, 1958, vol. III.

MONBEIG, Pierre (1958). *Aspectos geográficos do crescimento de São Paulo*. São Paulo: Anhembi.

MORSE, Richard (1954). *De comunidade a metrópole: biografia de São Paulo*. São Paulo: Comissão do IV Centenário da Cidade de São Paulo, Serviço de Comemorações Culturais.

_____. (1970). *Formação histórica de São Paulo (de comunidade a metrópole)*. São Paulo: Difusão Europeia do Livro, 1970.

MÜLLER, Nice Lecocq (1958). A Área Central de São Paulo. In: AZEVEDO, Aroldo de (org.). *A Cidade de São Paulo*. São Paulo: Cia. Editora Nacional, vol. III.

NÓBREGA, Mello (1944). *História de um rio (o Tietê)*. São Paulo: Martins Fontes.

_____. (1981). *História do rio Tietê*. Belo Horizonte/São Paulo: Itatiaia/Edusp.

NOZOE, Nelson Hideki (1984) *São Paulo: Economia Cafeeira e Urbanização. Estudo da estrutura tributária e das atividades econômicas na capital paulista. (1889-1933)*. São Paulo:IEP/USP.

OLIVEIRA, Franklin (1971). *A tragédia da renovação brasileira: Minas Gerais e São Paulo: a tragédia dentro do progresso*. Rio de Janeiro: Civilização Brasileira.

PAOLI, Maria Célia e DUARTE, Adriano (2004). São Paulo Plural: Espaço público e redes de sociabilidade. In: PORTA, Paula (org). *História da Cidade de São Paulo. A cidade na primeira metade do século XX*. São Paulo: Paz e Terra.

PETRONE, Pasquale (1958). São Paulo no século XX. In: AZEVEDO, Aroldo (org.). *A cidade de São Paulo: estudos de geografia urbana*. São Paulo: Companhia Editora Nacional, vol. 4.

PINTO, Maria Inez Machado Borges (1994). *Cotidiano e Sobrevivência. A vida do trabalhador pobre na cidade de São Paulo (1890-1914)*. São Paulo: Edusp.

PONCIANO, Levino (2001). *Bairros Paulistanos de A a Z*. São Paulo: Senac.

PORTA, Paula (org.) (2004) *História da Cidade de São Paulo. A cidade na primeira metade do século XX*. São Paulo: Paz e Terra.

PRADO Jr., Caio (1983). *A cidade de São Paulo: geografia e história*, 13ª ed. São Paulo: Brasiliense,

———. (1941). Nova Contribuição para o estudo geográfico da cidade de São Paulo. In: *Estudos Brasileiros*, 7 (19-21).

Projeto Temático USP/Fapesp (2006). São Paulo: os estrangeiros e a construção da cidade. Apresentado por um grupo interdisciplinar de pesquisadores da USP para solicitação de apoio à Fapesp.

QUEIROZ, Suely Robles Reis de (1992). *São Paulo*. Madrid: Mapfre.

RAFFARD, Henrique (1977). *Alguns dias na Pauliceia*. Biblioteca da Academia Paulista de Letras, vol. 4, São Paulo.

REIS FILHO, Nestor Goulart (1994). *São Paulo e Outras Cidades: Produção Social e Degradação dos Espaços Urbanos*. São Paulo: Hucitec.

_____. *São Paulo: vila, cidade, metrópole*. São Paulo: Prefeitura do Município de São Paulo/BankBoston.

RIBEIRO, Maria Alice Rosa (1993). *História sem fim... Inventário da saúde pública*. São Paulo – 1880-1930. São Paulo: Editora Unesp.

ROCHA, Aristides Almeida (1991). *Do lendário Anhembi ao poluído Tietê*. São Paulo: Edusp.

ROLNIK, Raquel (1981). *Cada um em seu lugar!* Dissertação de mestrado FAU/USP. São Paulo.

_____. (1997). *A cidade e a lei*. São Paulo: Studio Nobel/Fapesp.

ROSSETTO, Rossela (2002). Arquitetura Moderna e tipologias de mercado: Uma primeira classificação. In: SAMPAIO, Maria Ruth Amaral de (org.). *A promoção privada de habitação econômica e a arquitetura moderna: 1930-1964*. São Carlos: RiMa.

SAES, Flavio (2004). São Paulo Republicana: vida econômica. In: Porta Paula (org..) *História da Cidade de São Paulo. A cidade na primeira metade do século XX*. São Paulo: Paz e Terra.

SAGMACS (1958) *Estudo Urbano da Aglomeração Paulistana: estruturas atuais e estruturas racionais*. São Paulo: SAGMACS.

SAMPAIO, Maria Ruth Amaral de (1994). O papel da iniciativa privada na formação da periferia paulistana. In: *Espaço & Debates*, nº 37, p. 19-33.

_____. (org.) (2002) *A promoção privada de habitação econômica e a arquitetura moderna*: 1930-1964. São Carlos: RiMa.

SANDRONI, Paulo (2004). A dinâmica imobiliária da cidade de São Paulo: esvaziamento, desvalorização e recuperação da região central. In: Empresa Municipal de Urbanização – EMURB. *Caminhos para o Centro: estratégias de desenvolvimento para a região central de São Paulo/fotografia de Cristiano Mascaro.* São Paulo. Co-edição com a Prefeitura Municipal de São Paulo – PMSP, Centro Brasileiro de Análise e Planejamento – CEBRAP e Centro de Estudos da Metrópole – CEM.

SANTOS, Elina (1954). Retificação dos rios Tietê e Tamanduateí. In: *Anhembi*, São Paulo. Ano IV, vol. XIV, nº 40, p. 478-487.

_____. (1958). Tietê o rio de São Paulo. In: AZEVEDO, Aroldo (org.) *A Cidade de São Paulo.* São Paulo: Cia. Editora Nacional, vol. I.

SANTOS, Milton (1990). *Metrópole Corporativa Fragmentada: o caso de São Paulo.* São Paulo: Nobel: Secretaria de Estado da Cultura.

_____. (org) (1997). *O Novo Mapa do Mundo: fim do século e globalização.* 3. ed. São Paulo: Hucitec/Anpur.

_____. (2002). *Da Totalidade ao Lugar.* São Paulo: Edusp.

SEABRA, Odette Carvalho de Lima (1987). *Meandros dos Rios nos Meandros do Poder. Tietê e Pinheiros: valorização dos rios e das várzeas na cidade de São Paulo.* São Paulo: tese de doutorado, FFLCH/USP, Departamento de Geografia.

SEGAWA, Hugo (2004). São Paulo, veios e fluxos: 1872 – 1954. In: PORTA, Paula (org.) *História da Cidade de São Paulo. A cidade na primeira metade do século XX.* São Paulo: Paz e Terra.

SILVA, Lysandro Pereira (1950). *Relatório – Comissão de Melhoramentos do Rio Tietê.* São Paulo: Prefeitura do Município de São Paulo.

SILVA, Luís Octávio (2004). Verticalização, expansionismo e grandes obras viárias: a modernização limitada. In: CAMPOS, Candido Malta; GAMA, Lúcia Helena; SACCHETA, Vladimir (orgs). *São Paulo, metrópole em trânsito: percursos urbanos e culturais.* São Paulo: Senac.

SINGER, Paul (1968). *Desenvolvimento Econômico e Evolução Urbana.* São Paulo. Cia. Editora Nacional.

SOMEKH, Nádia (1987). *A Desverticalização de São Paulo.* Dissertação de mestrado apresentada à Faculdade de Arquitetura e Urbanismo da Universidade de São Paulo.

_____. (1997). *A Cidade Vertical e o Urbanismo Verticalizador.* São Paulo: Studio Nobel/ Edusp/Fapesp. (Coleção Cidade Aberta)

Sondagem Preliminar a um Estudo sobre a habitação em São Paulo (1947). Estudo contratado pela Escola de Sociologia e Política de São Paulo, coordenado por J. L. Lebret. In: *Revista do Arquivo Municipal,* nº 139-140.

SOUZA, Maria Adélia Aparecida de (1994). *A identidade da metrópole: a verticalização em São Paulo.* São Paulo: Hucitec/Edusp.

STIEL, Waldemar (1978). *História dos Transportes Coletivos em São Paulo.* São Paulo, Edusp/McGraw Hill do Brasil.

TOLEDO, Benedito Lima de (1981). *São Paulo: três cidades em um século.* São Paulo: Duas Cidades.

_____. (1996). *Prestes Maia e as Origens do Urbanismo Moderno em São Paulo.* São Paulo: Empresa das Artes.

VILLAÇA, Flavio (1998). *Espaço Intraurbano no Brasil.* São Paulo: Studio Nobel/Fapesp/ Lincon Institut.

Sobre história dos bairros centrais de São Paulo:

AMADIO, Decio (2004). *Desenho urbano e bairros centrais de São Paulo: um estudo sobre a formação do Brás, Bom Retiro e Pari*. Tese de doutorado apresentada à FAU/USP. São Paulo.

BRUNELLI, Aidelli S. Urbani (*et al*) (2006). *Barra Funda*. São Paulo: Departamento do Patrimônio Histórico. Série História dos Bairros de São Paulo, vol. 29.

CANUTTI, Rita Cássia (2008). *Planejamento urbano e produção do espaço na Barra Funda*. Dissertação de mestrado apresentada à FAU/USP. São Paulo.

DERTÔNIO, Hilário (1971). *O bairro do Bom Retiro*. Série História dos Bairros de São Paulo, vol. 9. São Paulo.

EVASO, Alexander S. (1998) *Bom Retiro: refuncionalização de um bairro paulistano*. TGI – FFLCH/USP. São Paulo/SP.

FELDMAN, Sarah (2004). As múltiplas faces do Bom Retiro. In: *Boletim Informativo do Arquivo Histórico Judaico Brasileiro*. São Paulo.

_____. (2008). Permanence of Urban Fabric and Movement of Foreigners. In: *Procedings of 13th International Planning History Society Conference*, Chicago, Ilinois.

FERNANDES, Ana (1986). Bairros Centrais Industriais de São Paulo: uma primeira aproximação. In: *Revista Espaço e Debates*. n°17, NERU, São Paulo.

FINA, Wilson Maia (1976). *O bairro do Bom Retiro e seus primórdios*. São Paulo: Sangirad.

GROSTEIN, Marta Dora (2000). O paradoxo dos bairros centrais. In: *Revista URBS*, vol. 3, n. 18, p. 18-21, set/out.

GUIMARÃES, Lais de Barros Monteiro (1979). *Liberdade*. São Paulo: Secretaria Municipal de Cultura. PMSP.

_____. (1977). *História dos Bairros de São Paulo: Luz*. São Paulo: Secretaria Municipal de Cultura. PMSP.

HOMEM, Maria Cecília Naclécio (1989). *Higienópolis: grandeza e decadência de um bairro paulistano*. São Paulo: Prefeitura do Município de São Paulo.

JORGE, Clovis de Ataíde (19). *Consolação: uma reportagem histórica*. São Paulo.

_____. (1988). *Luz: notícias e reflexões*. Série História dos Bairros de São Paulo, vol. 27. São Paulo: Departamento do Patrimônio Histórico.

LEVIN, Eliezer (1972). *Bom Retiro*. São Paulo: Perspectiva.

MACEDO, G. (2005) *História da Cooperativa Popular de Crédito Popular do Bom Retiro: primeiras incursões*. Dissertação de mestrado, Departamento de Letras – FFLCH/USP.

MARZOLA, Nádia (1979). *Bela Vista*. Série história dos bairros de São Paulo, vol. 15. São Paulo.

MEDINA, Cremilda (2000). *Bela Vista, bela pizza* In: MEDINA, Cremilda (org) Ó Freguesia, quantas histórias. São Paulo: ECA/USP.

MENDES TORRES, Maria Celestina (1969). *O Bairro do Brás*. São Paulo: Secretaria Municipal da Cultura/PMSP.

MONTENEGRO, Marina Regitz (2006). *O circuito inferior da economia urbana na cidade de São Paulo no período da globalização*. Dissertação de mestrado – Departamento de Geografia da Faculdade de Filosofia, Letras e Ciências Humanas FFLCH/USP. São Paulo.

NEGAWA, Sachio (2000). *Formação e transformação de um bairro oriental: um aspecto da história da imigração asiática da Cidade de São Paulo. 1915-2000*. Dissertação (mestrado), FFLCH/USP, São Paulo.

PENTEADO, Jacob (1962). *Belenzinho 1910 (retrato de uma época)*. São Paulo: Martins.

PIRES, Walter (2003). *Configuração territorial, urbanização e patrimônio: Colônia da Glória (1876-1904)*. Dissertação (mestrado). FAU/USP, São Paulo.

SANTOS, Márcio Pereira (2000). *O Bom Retiro: uma paisagem paulistana*. Dissertação de mestrado apresentada à FFLCH. São Paulo.

SIQUEIRA, Uassyr de (2002). *Clubes e Sociedades dos Trabalhadores do Bom Retiro: organização, Lutas e Lazer em um bairro paulistano (1915-1924)*. Dissertação de mestrado. Departamento de História, FFLCH/USP. São Paulo.

Sobre a questão das áreas centrais e sobre a preservação de patrimônio:

ALMEIDA, Marco Antonio Ramos de *et alli*. (2001) *O Centro da Metrópole: reflexões e propostas para a cidade democrática do século XXI*. São Paulo: Editora Terceiro Nome:/ Viva o Centro/Imprensa Oficial.

ARANTES, Antonio Augusto (2004). O Sentido das Coisas: sobre a construção social dos lugares. In: SCHICCHI, M. C.; BENFATTI, D.(orgs.). *Urbanismo: Dossiê São Paulo-Rio*. Campinas: Óculum Ensaios.

ARGAN, Giulio Carlo (1983). *Historia del arte como historia de la ciudad*. Barcelona: Ed Riuniti.

BENFATTI, Dênio (2003). Prefácio: De volta ao Centro. In: Schicchi, M. C.; Benfatti, D. (orgs.) *Urbanismo: Dossiê São Paulo-Rio*. Campinas: Óculum Ensaios.

CINTRA, Marcos Antonio Macedo; CORRÊA, Renata Silveira (2004). O complexo financeiro: um caso de concentração no município e relativo esvaziamento no centro? In: *Empresa Municipal de Urbanização – emurb. Caminhos para o Centro: estratégias de desenvolvimento para a região central de São Paulo/fotografia de Cristiano Mascaro*. São Paulo. Coedição com a Prefeitura Municipal de São Paulo – PMSP, Centro Brasileiro de Análise e Planejamento – CEBRAP e Centro de Estudos da Metrópole – CEM.

FELDMAN, Sarah (2003). São Paulo: Qual Centro? In: SCHICCHI, M. C.; BENFATTI, D. (orgs.). *Urbanismo: Dossiê São Paulo-Rio*. Campinas: Óculum Ensaios.

GARCIA, Renato; CRUZ-MOREIRA, Juan (2004). O complexo têxtil-vestuário: um cluster resistente. In: Empresa Municipal de URBANIZAÇÃO – EMURB. *Caminhos para o Centro: estratégias de desenvolvimento para a região central de São Paulo/fotografia de Cristiano Mascaro*. São Paulo. Co-edição com a Prefeitura Municipal de São Paulo – PMSP, Centro Brasileiro de Análise e Planejamento – CEBRAP e Centro de Estudos da Metrópole – CEM.

NAKANO, Kazuo; CAMPOS, Cândido Malta; ROLNIK, Raquel (2004). Dinâmicas dos subespaços da área central de São Paulo. In: Empresa Municipal de Urbanização – EMURB. *Caminhos para o Centro: estratégias de desenvolvimento para a região central de São Paulo/fotografia de Cristiano Mascaro*. São Paulo. Coedição com a Prefeitura Municipal de São Paulo – PMSP, Centro Brasileiro de Análise e Planejamento – CEBRAP e Centro de Estudos da Metrópole – CEM.

Prefeitura do Município de São Paulo (2001). Reconstruir o centro: reconstruir a cidade e a cidadania. ProCentro: PMSP.

SANDRONI, Paulo (2004). A dinâmica imobiliária na cidade de São Paulo: esvaziamento, desvalorização e recuperação da região central. In: Empresa Municipal de Urbanização – EMURB. *Caminhos para o Centro: estratégias de desenvolvimento para a região central de São Paulo/fotografia de Cristiano Mascaro*. São Paulo. Coedição com a Prefeitura Municipal de São Paulo – PMSP, Centro Brasileiro de Análise e Planejamento – CEBRAP e Centro de Estudos da Metrópole – CEM.

SCHICCHI, Maria Cristina (2003). Posfácio. Local ou Global: o centro como princípio. In: SCHICCHI, M. C.; BENFATTI, D.(orgs.) *Urbanismo: Dossiê São Paulo-Rio*. Campinas: Óculum Ensaios.

Silva, Luís Octávio da (2003). Breve História do Centro de São Paulo: sua decadência e reabilitação. In: Schicchi, M. C.;Benfatti, D.(orgs.). *Urbanismo: Dossiê São Paulo-Rio*. Campinas: Óculum Ensaios.

Somekh, Nádia (2004). Prefácio. In: Empresa Municipal de Urbanização – emurb. *Caminhos para o Centro: estratégias de desenvolvimento para a região central de São Paulo/fotografia de Cristiano Mascaro*. São Paulo. Co-edição com a Prefeitura Municipal de São Paulo – pmsp, Centro Brasileiro de Análise e Planejamento – cebrap e Centro de Estudos da Metrópole – cem.

Villaça, Flávio (2003). Reflexões sobre o centro de São Paulo. In: Schicchi, M. C.; Benfatti, D. (orgs.). *Urbanismo: Dossiê São Paulo-Rio*. Campinas: Óculum Ensaios.

Sobre a cidade e o crescimento urbano:

Certeau, Michel de (2002). *A invenção do cotidiano: 2. Morar, cozinhar*, 7ª ed. Petrópolis: Vozes.

Moraes Filho, Evaristo de (org.) (1983). *George Simmel*. São Paulo: Ática.

Rouanet, Sergio Paulo (1992). É a cidade que habita os homens ou são eles que moram nela? In: *Revista usp* nº 15, São Paulo, set/out/nov.

Ribeiro, Luiz C. Queiroz (1989). *Da propriedade fundiária ao capital incorporador: as formas de produção da moradia na cidade do Rio de Janeiro*. Tese de Doutorado apresentada à fau/usp.

Sòla-Morales i Rubió, Manuel (1997). *Las formas de crecimiento urbano*. Barcelona: Edicions upc.

Sobre a questão judaica e sobre os judeus em São Paulo:

FALBEL, Nachman (1999). *Instituições comunitárias de ajuda e amparo ao imigrante israelita: Da sociedade das damas Israelitas a unibes.* Parte de monografia/livro.

FREIDENSON, Marilia e BECKER, Gaby (orgs.) (2003) *Passagem para a América. Relatos da imigração judaica em São Paulo.* São Paulo: Arquivo do Estado/Imprensa Oficial.

LESSER, J. (1995) *O Brasil e a questão judaica: imigração, diplomacia e preconceito.* Rio de Janeiro: Imago, 1995.

MIZRAHI, Raquel (2005). *Judeus: do descobrimento aos dias atuais.* São Paulo: Companhia Editora Nacional. (Série Lázuli, Imigrantes no Brasil).

_____. (2003) *Imigrantes judeus do oriente médio: São Paulo e Rio de Janeiro.* São Paulo: Ateliê.

PÓVOA, Carlos Alberto (2007). *A territorialização dos judeus na cidade de São Paulo-sp: a migração do Bom Retiro ao Morumbi.* Tese de doutorado apresentada ao Departamento de Geografia da FFLCH/USP. São Paulo.

WIAZOVSKI, Taciana (2001). *Bolchevismo & Judaísmo: a comunidade judaica sob o olhar do deops.* São Paulo: Arquivo do Estado: Imprensa Oficial (Coleção Inventário DEOPS Modulo VI – Comunistas).

Mapas coloridos

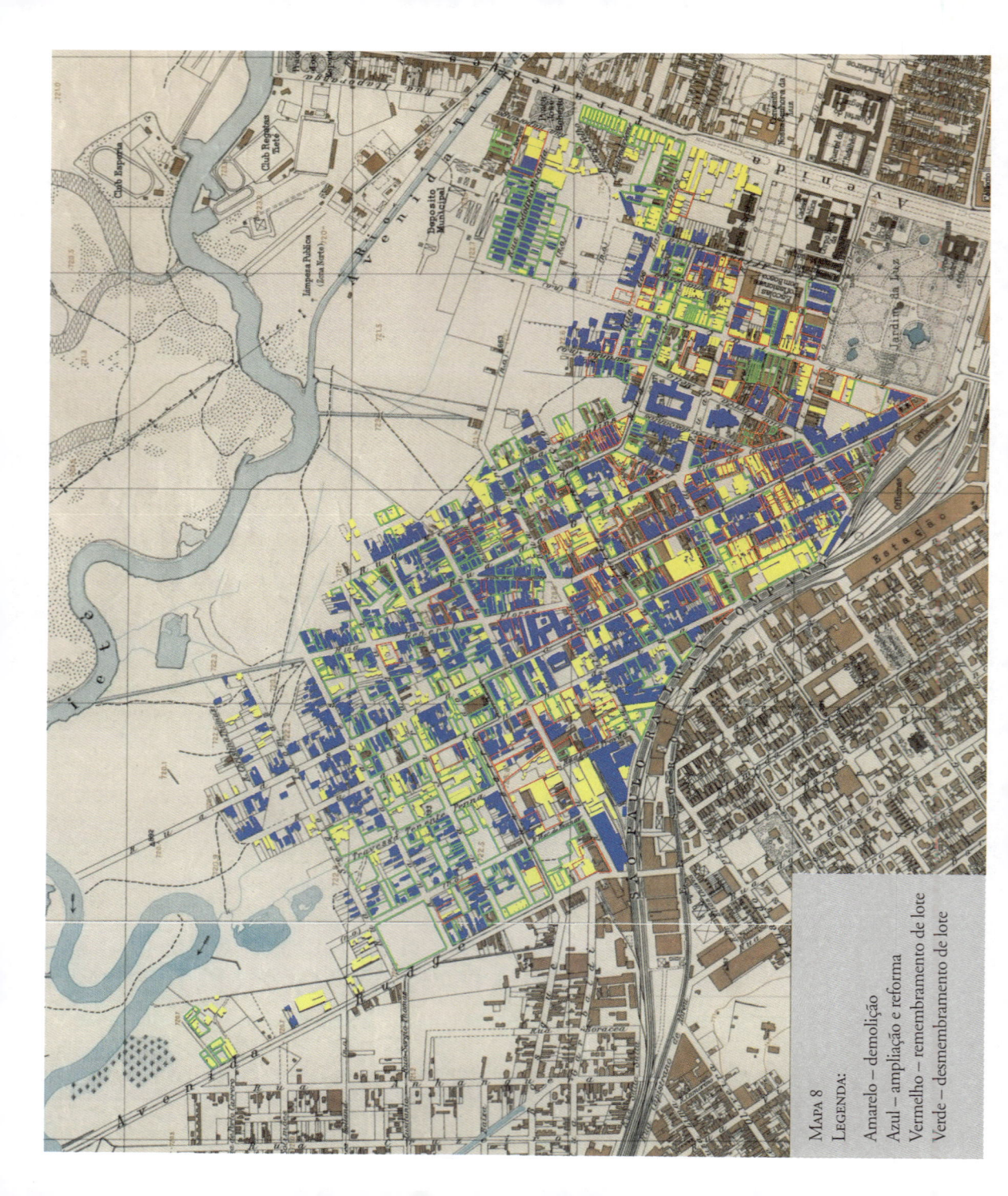

MAPA 8
LEGENDA:

Amarelo – demolição
Azul – ampliação e reforma
Vermelho – remembramento de lote
Verde – desmembramento de lote

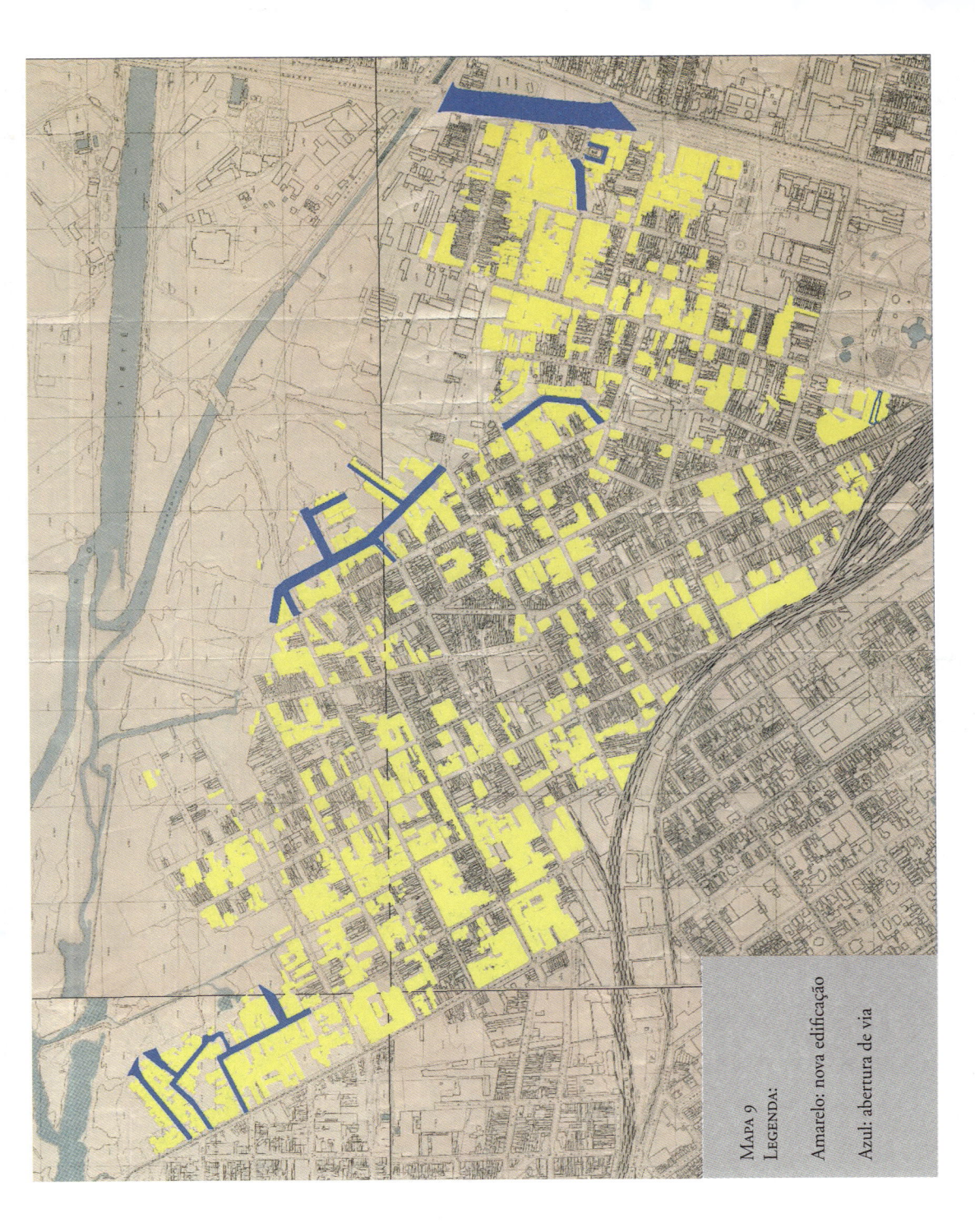

MAPA 9
LEGENDA:

Amarelo: nova edificação

Azul: abertura de via

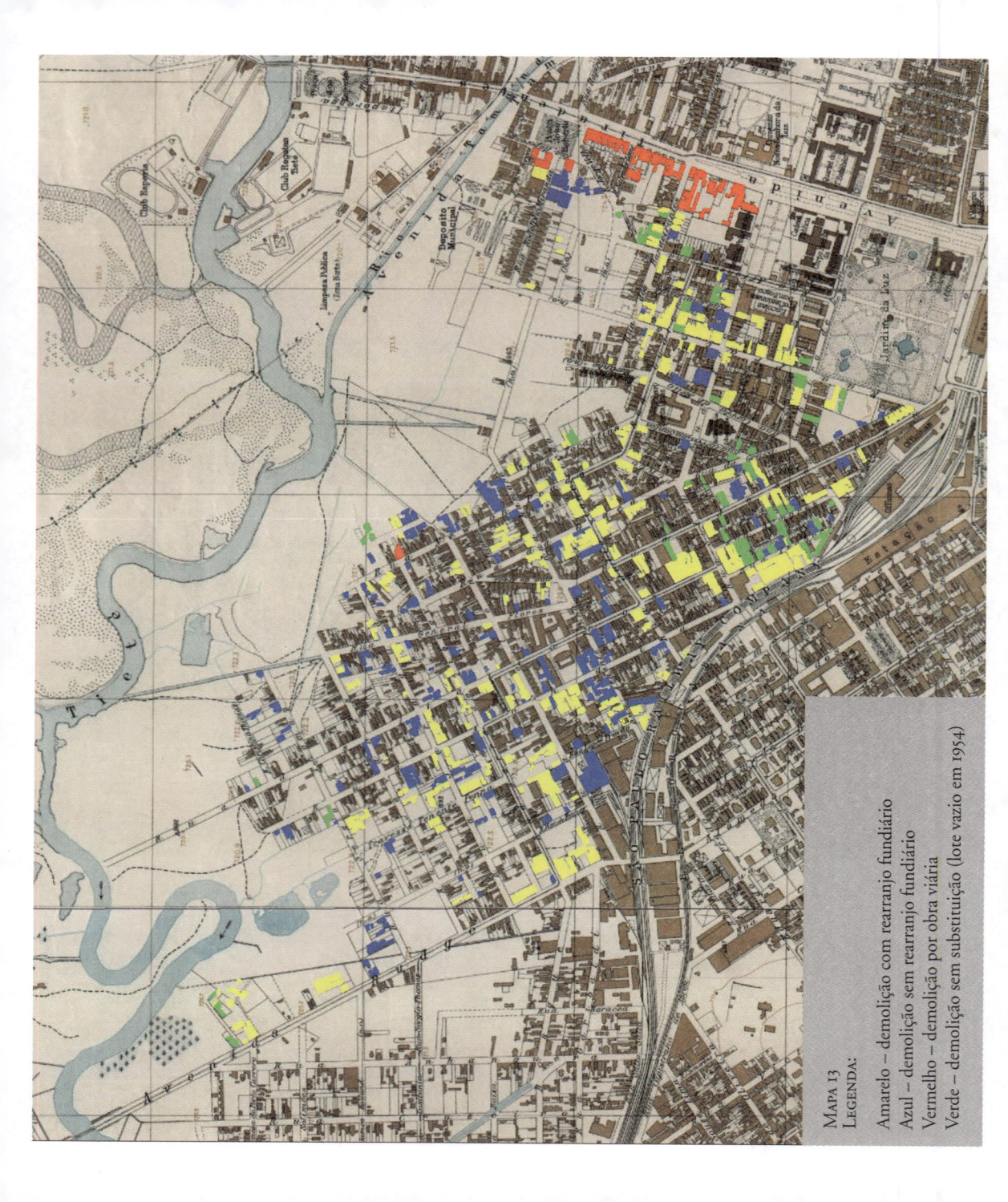

MAPA 13
LEGENDA:

Amarelo – demolição com rearranjo fundiário
Azul – demolição sem rearranjo fundiário
Vermelho – demolição por obra viária
Verde – demolição sem substituição (lote vazio em 1954)

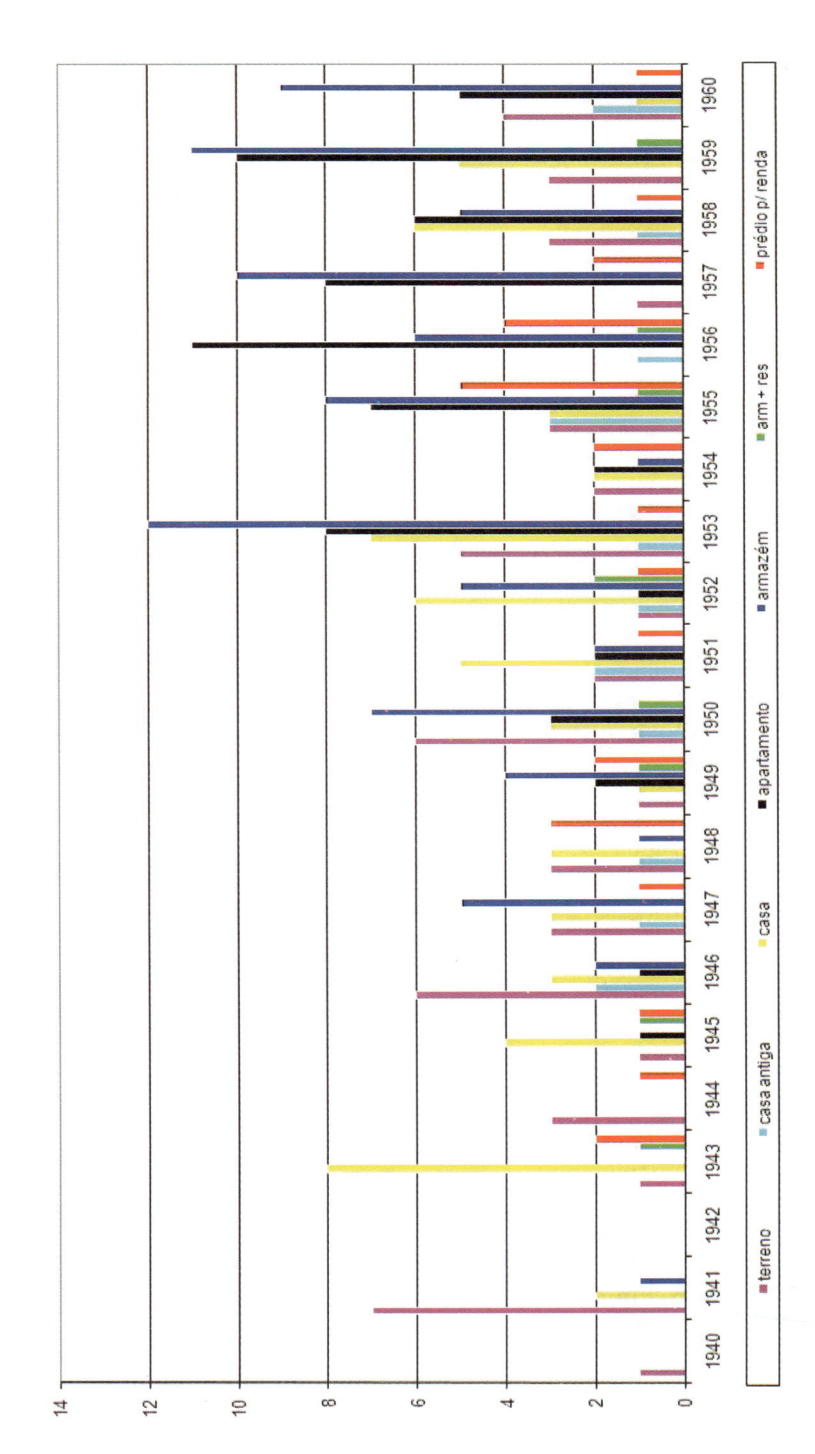

Gráfico II.I. Classificação do número de anúncios imobiliários por tipo de imóveis no Bom Retiro, 1940 a 1960.

Fonte: Gráfico elaborado pela autora a partir do levantamento do jornal *O Estado de S. Paulo*.

Esta obra foi impressa em Santa Catarina pela Nova Letra
Gráfica & Editora na primavera de 2011. No texto foi utilizada a fonte
Adobe Garamond, em corpo 11,5 e entrelinha de 15 pontos.